Karl Hugo

Liebe aus Verehrung

Trauerspiel in fünf Akten

Karl Hugo

Liebe aus Verehrung
Trauerspiel in fünf Akten

ISBN/EAN: 9783743696532

Hergestellt in Europa, USA, Kanada, Australien, Japan

Cover: Foto ©Thomas Meinert / pixelio.de

Weitere Bücher finden Sie auf **www.hansebooks.com**

Fibel der Liebe.

Motto:
Die schwächste Liebe selbst hat geist'ge Schwingen,
Die roh'sten Herzen rein empor zu schwingen.

I.

Poetischer Theil.

Calderon, oder: Liebe aus Verehrung.

Trauerspiel in 5 Acten.

II.

Prosaischer Theil.

Ein dramatischer Roman.

Drama in 5 Aufzügen.

Calderon,

oder:

Liebe aus Verehrung.

Trauerspiel in 5 Acten.

Von

Carl Hugo.

Die Uebersetzung, sowie die Aufführung ist ohne Erlaubniß des Autors nicht gestattet.

Selbstverlag.

Pest und Berlin.

Pest, 1863. Druck von Josef Kertész, obere Donauzeile Nr. 13.

Einer Hohen Frau

verehrungsvoll gewidmet

vom

Verfasser.

Das Selbstbewußtsein ist der Stern der Seele,
Am reinsten leuchtend in der dunkeln Nacht:
Ob Wolken auch hinzieh'n mit Sturmesmacht,
Stets schimmert durch — das höchste der Juwele.

Ja, dieser Stern ist — was der Mensch auch wähle,
Die Leuchte in des Lebens trüben Schacht:
Er lohnt ihn mit des Himmels heit'rer Pracht,
Sich selbst zu schätzen, daß er niemals fehle.

So hast auch Du, o hehrer Stern der Sitten!
Herabgestrahlt der Engel reinste Lust
Zum Dichter, der, im Elend, lang gestritten:

Und Mitleid floß, obgleich Du selbst gelitten,
Nur aus Verehrung, aus erhab'ner Brust:
Du bliebst der Hoheit — Deiner selbst bewußt.

Den

Berliner Preisrichtern

offen unterbreitet.

Wenn ich nach siebenzehn Jahren, nämlich seit ich meinen „Ungarkönig" aus dem Ungarischen ins Deutsche selbst übersetzte, und dann nach Paris zur Aufführung meiner „comédie infernale" mich selbst übersetzte, nun wieder eines meiner dramatischen Werke herausgebe, so ist es wahrlich nicht meine Schuld, noch auch mein Wunsch; denn die Preß'herrscher, mit wenigen Ausnahmen, Verlagsspekulanten, Bühnenvorstände, Unterstützungspräsidenten und Preisrichter, haben wie früher auch seither, selbst nach dem beispiellosen, einzig dastehenden Eindruck, den mein kleinstes Drama: „Des Hauses Ehre" auf der berliner Hofbühne, wie auch auf etwa fünfzig Bühnen Deutschlands machte, sattsam bewiesen, daß man gegen mich herzlos ist, war und bleiben wird. Aber dem Drängen meiner wenigen wahren Freunde, die mir mit dem besten Willen, wenn auch nicht mit den reichsten Mitteln, an die Hand gehen wollen, kann, darf und will ich nicht widerstehen, und daher wieder einmal etwas von meinen aufgespeicherten Dramen herausgeben, und zwar, wie man es wünscht, zuerst von meinen ungedruckten, und dann, im günstigen Falle, von meinen bereits gedruckten und aufgeführten Werken; und ich thue es jetzt um so williger, damit ich nicht mehr die vielen, mehrentheils in drei

Sprachen gedichteten Manuskripte mit mir in der Welt herumzuschleppen brauche, zumal da ich einsehen gelernt, daß alles Schmollen nichts nützt, besonders wenn man Geld braucht. Ich will daher, als kluger Kaufmann, mit dem passendsten poetischen Werke anfangen, mit dem ich vor vierundzwanzig Jahren auch als begeisterter Poet anfing.

Vor Allem aber muß ich bekennen, daß dieses Werk nicht mein bestes Drama ist, obwol es allen Kennern, die es bisher im Manuskripte lasen, am besten gefiel und wirklich am leichtesten zusagen mußte, eben weil es unter allen meinen zehn, theils aufgeführten, theils einem vielleicht noch glänzenderen Erfolge entgegensehenden neueren Dramen, fast das einzige ist, das in den bisher bestehenden, zu wenig festgestellten und darum auch leicht überschreitbaren ästhetischen Gesetzen und Grenzen sich bewegt, und daher in diesem gewohnten, engeren Gesichtskreise den Lesern einen schnelleren und darum befriedigenderen Ueberblick gewährte; im Gegentheil, ich halte es für mein bescheidenstes und darum auch einfachstes dramatisches Erzeugniß, indem — Kraft meines gefundenen Schwerpunktgesetzes der tieferen und positiveren, von mir, und bisher blos für mich, zum System des Drama's ausgearbeiteten und ausgebreiteten ästhetischen Regeln, wozu in nuce „Des Hauses Ehre" als kleines Beispiel geschrieben wurde — meine übrigen Dramen einen festeren Anlauf, und, von der immer steigenden Opposition geschwellt, einen kühneren Schwung zu weitläufigeren logischen Konzeptionen und psychologischen Komplikationen erhalten konnten.

Aber eben weil es mein zartestes Kind ist, und noch dazu mein erstgeborenes, habe ich es seit 24 Jahren, seit es nämlich Deinhardstein in Wien „zu poetisch" und Tieck in Dresden „zu geistig" fanden, um es vor einem „verderbten Publikum" aufführen zu lassen, stets so ängstlich bewacht, und, wie das auf dem Originalmanuskripte noch gegenwärtig befindliche Wiener Zensursiegel vom Jahre 1843 bezeugen kann, auch stets treu bewacht, um es unangetastet, so wie es erzeugt ward, der Welt zu übergeben; und zwar nunmehro vertrauungsvoll vor Allen den kunstsinnigen Richtern, deren geübter Geist, bei einiger aufmerksamen Nachsicht für einige scheinbare Mängel, die sich jedoch bei näherer Betrachtung als Lokal= farbe, Nationalcharakter und historische Treue motiviren dürften, gewiß bald erkennen wird, daß es wenigstens deßhalb schätzenswerth und der Weihe kunstverständiger Gelehrten würdig ist, weil die Grundidee darin, die eigentliche Grundidee der Liebe, Liebe aus Vereh= rung, die reine Konzeption einer jungfräulichen Muse war, die längst eine Aufmunterung eben so sehr verdiente, als — bedurfte.

Mehr als dieser schüchterne Anspruch auf Auszeich= nung und auf eine vergebliche, so lang ersehnte Aufmun= terung, verdient vielleicht auch die reine Originalkraft eines so schwierigen, streng historischen Drama's einige An= erkennung; denn nachdem ich Jahre lang lieber in strengen Kritiken über alte und neue dramatische Erzeugnisse und in thätigen Studien der Schauspielkunst meine längst entschieden anerkannte und letzthin um so mehr gepriesene Fähigkeit für die Bühne zum Uebermaße übte, als daß ich mich dem bekannten traurigen Schicksal eines tragischen Dichters in Deutschland aussetzte, war der schöpferische Drang mittlerweile so sehr angeschwollen, daß ich endlich der übermannenden Fluth der Ideen unmöglich wider= stehen konnte. Ich wählte, ich gesteh' es ehrlich, aus eitler, oder vielleicht aus dunkel kraftbewußter Original= sucht eben den „Calderon" mit Vorbedacht, — weil von ihm, außer seinen unsterblichen Werken, fast gar nichts oder nur wenig bekannt und ebenso wenig über sein Leben geschrieben wurde — zum Hauptträger der Idee der reinen Liebe aus Verehrung; eine Idee also, welche, obgleich der Anfangs- und Ausgangspunkt meiner noch naiven Muse, dennoch als höchster Stoff des bisherigen Bühnenrepertoirs angesehen werden kann, und somit am besten geeignet schien, meine schaffende Originalität vor meiner selbst aufgelegten Strenge zu beurkunden, und, wenn mir dies gelänge, dann den Uebergang zu höheren, noch nicht behandelten oder kaum berührten Humanitätsideen um so kühner zu machen.

Nachdem diesen letzteren Zweck die vornehmsten Kritiker dreier Literaturen rühmlichst bewährten, und zwar insbesondere Jules Janin über meinen „Marchand de Marseille", „La comédie infernale" und „L'iliade finie"; dann Bajza, Präsident der ungar. Akademie, in seinem „Athenäum" über meinen „Báró és bankár" und „Egy magyar király" („Ein Ungarkönig"); und endlich Herloſſohn in seinem „Kometen" über meinen „Brutus und Lucretia" zu widerholten Malen, bei Gelegenheit der Beurtheilung meiner „Psalmen eines armen Poeten" meinen höheren Zweck würdigten; so sehe ich ersteren Grund, nämlich was meine Originalität betrifft, nach so langer Zeit so weit ein, daß mein Calderon nicht einmal mit dem gleichfalls aus Liebe, — aber aus einer minder reinen Liebe — unglücklichen Dichter Tasso die entfernteste Verwandtschaft habe; denn mein Calderon liebte, ja verehrte blos in seiner Königin seine gleichsam verkörperte Muse.

Pest im Juni 1863.

Carl Hugo.

Calderon,

oder:

Liebe aus Verehrung.

Prolog des Calderon.

Ich steige aus dem Grab — nicht Calderon's,
Zitirt vom Jüngling noch in gold'nen Haaren —
Nein! aus dem Grab, in das der Wurf des Hohn's
Zurück mich stieß vor vierundzwanzig Jahren:
Des Dichters golden Haar ist nun ergraut;
Drum prüft die Jugendkraft, die Ihr nun schaut.

Er war Poet, da er, so kühn als jung,
Zum Vorwurf nahm mein unbekanntes Leben,
Zu prüfen seinen schöpferischen Schwung;
Und aus dem Grabe mußt' ich mich erheben:
Ich hab' ihn rein mit meiner Glut beseelt,
Im Sprühen doch gewarnt, wo ich gefehlt.

Er malt, — für das Erhab'ne früh entflammt,
Früh weise durch Erfahrung und Entbehrung —
Ein Bild, wie aus Verehrung Liebe stammt,
Und wie aus reiner Liebe wird Verehrung,
Zerschmelzend zu dreiein'ger Poesie:
Begeisterung, Verstand und Fanthasie.

Drum seht das Werk in seiner Urgestalt,
Wie er's in einem kurzen Mond vollendet,
Vollendet so an Form wie an Gehalt,
Ach! wie es finst're Mächte einst geschändet:
Bedauernd ihn, bedaur' ich seine Zeit,
Wo man die Kraft verdammt zu Dürftigkeit.

Sein Glühen hat seither sein Gold bewährt;
Sein Vorwurf stimmt den Vorwurf selbst zu Lobe;
„Des Hauses Ehre" habt Ihr hoch geehrt,
Nun prüft auch seine erste Feuerprobe:
Vor Allem einet Urtheil mit Gefühl —
Schaut hier den Anlauf zum erhab'nen Ziel!

Personen.

Philipp IV., König von Spanien.
Marianne von Oesterreich, seine Gemalin.
Calderon, Dichter, ⎫ Freunde des Königs.
Velasquez, Maler, ⎭
Olivarez, Kanzler.
Don Perez, Herzog von Olivarez, ⎫ seine Adoptivkinder.
Estrella, dessen Schwester, ⎭
Don Juan, Hauptmann der Leibwache.
Castellan.
Diego.
Piedro.
Männliche Maske.
Weibliche Maske.

Masken, Wachen, Hofherren und Hofdamen, Blumenmädchen und Knaben. Volk.

Handlung in Aranjuez.

Erster Akt.

Schloßgarten in Aranjuez mit zwei Rosenlauben.

Erste Scene.

Calderon sitzt mit Estrella vor der linken Rosenlaube.

Calderon
(liest Estrellen aus einem Manuskripte vor.)

Wie die Sonne steigt empor
Mit dem ros'gen Himmelslichte
Aus des Ostens goldnem Thor,
Dringend durch die Nebelschichte;
So das finst're Heer der Nacht
Weicht vor ihres Strahles Lanzen,
Dann im Feld, in Farbenpracht,
Siegreich ihre Schaaren tanzen; —
Und des Tages Siegeszug
Gegen Abend führt die Hehre,
Hüllt in Purpur ihren Flug,
Suchend Ruh' im Silbermeere: —
Doch der bleiche Mond erscheint
Tief verhüllt im Wolkenschleier,
Trauernd still sein Auge weint
Bei des Abends Jubelfeier —

(Das Manuskript entfällt ihm, indem er in Gedanken versinkt.)

Estrella.
(Hebt das Manuskript auf, gibt es ihm zurück; mit neckischen Tone.)

Und vergißt, daß nah' und ferne
Um ihn funkeln seine Sterne. —

Calderon.

Estrella — ja, Ihr seid der Abendstern,
Der mir die Dämm'rung meiner trüben Tage

Mit muntern Geistes Demantlicht erfreuet,
Und täglich schöner seinen Glanz erneuet.
Estrella.
O, sprecht nur fort, und lobt mich immer fort;
Denn Lob, zwar Honigkuchen für die Kleinen,
Von mir als süßer Köder stets geschenet,
Erquickt mein Herz aus solch' erhabnem Munde,
Wie die vom hohen Fels entsprungne Quelle
Das durst'ge Thal benetzt mit süßer Welle. —
Doch sollt Ihr Abendstern mich nimmer nennen;
Und da des Zufalls Hauch mich „Stern" genannt,
So möcht' ich lieber Morgenstern Euch sein,
Der Euch den Morgen einer schönen Zukunft,
Der Euch den Morgen der Unsterblichkeit
Mit wahrem, reinem Lichte prophezeiht.
Calderon.
Unsterblichkeit?! — O dunstig, irrend Licht,
Entstiegen aus den Sümpfen trüben Lebens,
Zu locken uns in Pfühle saur'en Strebens,
Erbleichend, wenn die Kraft im Sinken bricht,
Entweichend, wenn der rauhe Wind uns weht,
Verlöschend, wenn der Morgen aufersteht.
Estrella.
Ihr nennt es Licht, drum nennt es irrend nicht,
Ihr malt ein Bild sonst, das sich widerspricht;
Doch nennt es lieber: immergrüne Pflanze,
Die, wenn auch spät, um's Haupt sich Blumen flicht,
Und immer grünt im eig'nen Blüthenkranze.
Calderon.
Ihr sagt es: eine Pflanze, die erst blüht
Nach hundert Jahren, wenn das Auge ruht,
Das einst sie pflanzen half in heil'ger Gluth,
Erloschen doch, die Blüthen nicht mehr sieht.
Estrella.
So seid gerecht nur gegen Zeitgenossen,
Die Eure Werke jetzt schon anerkennen,
Die schon den „Unvergleichlichen" Euch nennen;
Denn sie sind ja die hoffnungsgrünen Sprossen,
In deren Laub der Kranz Euch einst entblüht,
In deren Trieb die Frucht schon reifend glüht.

Calderon.

Wie stets muß ich dem Streit mich jetzt entziehen;
Denn stets, wenn ich durch Euren Geist bekriegt,
Ward ich durch dessen himmelklare Waffen
Nach leichtem Widerstand auch leicht besiegt. —
Doch glaubt Sennora, Eures Geistes Strahl
Bezwang mich nicht, wie's Licht den trüben Schatten
Leicht hinter einen Stein zu Boden wirft.
Nein! — Hoffend, daß dem Stamme meiner Mühen
Die Früchte meines Werks, das ich geschaffen,
Vielleicht den späten Enkeln noch erblühen,
Leg' ich zu Euren Füßen meine Waffen:
Und mögen sie, wenn sie die Frucht genossen,
Nicht denken deß', der sie gepflanzt — nicht denken
Der Wurzel, deren Mark sie einst entsprossen;
Nie werd ich doch den Nesseln banger Zweifel
Den kleinsten Raum in meiner Seele schenken.

Estrella.

Und doch, vergebt Sennor, will mich bedünken,
Daß dunkler Zukunft Nebel Euch betrübt,
Der Euch die Aussicht fernen Lohn's verhüllt.

Calderon.

Wer Arbeit **macht, verdient** auch **Lohn** gewiß;
Doch **lohnend** nicht ist solch' Verdienstes Preis
Dem reinen Sinn, der selbst zu **lohnen** weiß. —
Was dieses Busens heil'ger Gluth entsprungen,
Hab' ich für Gott und seine hohe Kirche,
Hab' ich wie Gott mit schöpferischem Hauche,
Hab' ich für Menschen und der schönen Erde,
Doch nicht für ihren Lohn und Preis gesungen;
Drum nicht der fernen Zukunft Windeshauch
Ist's, der des Geistes Blume mir geknickt —
Der Dorn der **Gegenwart** ist's, der mich drückt.

Estrella.

O, Calderon! — Ein Dorn der Gegenwart?! —
Wie wüthet Ihr, den Jeder ehrt und liebt,
Den selbst des Neides Tadel kaum betrübt,
Wie wüthet Ihr selbst gegen Euch so hart! —
Wer ist's, dem sich Kastilien zugewendet,
Dem jeder Spanier, jede Spanierin

Aus tiefem Grund des Dankes Perle spendet,
Geholt aus Eurer Werke frommen Sinn?
Wer ist's, der Bettler wie den Grand beseelt,
Den selbst ein König sich zum Freund erwählt?
Calderon. (Sinnend.)
Der König? ja! doch nicht die Königin: —
Wie stolz, wie kalt, wie herzlos blieb sie da,
Wo jedes Herz in Jauchzen sich ergoß,
Und wie befremdet sah sie in die Runde —
Ich merkt' es scharf — als mir aus jedem Munde
Des Beifalls rauschend Gold in Strömen floß,
Bei einem Schauspiel, das doch ihr zu Ehren,
Das auf des Königs Wink ich schnell gefertigt,
Mit geist'gen Opfern auf den Kunstaltären
Die hohe Braut ihm würdig zu empfangen.
Nicht hauchte sie des Dankes süßen Dunst,
Nicht konnte ich den süßen Blick der Gunst
Für meines Strebens Gluth von ihr erlangen.
Estrella.
Nein, Calderon! Nicht Euch kann dies befangen.
Verdunkelt's Euch, wenn Eures Ruhmes Krone,
Die reichbesetzte, eine Perle mißt,
Die, wenn auch Perle, doch nur Eine ist,
Vom Meeresgrund des kalten deutschen Bodens
Emporgetaucht zu uns'res Südens Sonne,
Nicht kennend uns'res Wesens glüh'nde Wonne,
Nicht uns'rer glüh'nden Sprache süße Lust?
Umhüpfte sie der Purpurstrom im Blut,
Wie uns durchströmet die Karfunkelfluth,
Sie müßte Euch, im geistigen Entzücken,
Mit reinen Dankes holden Engelsmienen,
Des Mund's Korallen an die Stirne drücken,
Wie jetzt schon Spaniens strahlende Rubinen
Das segenreiche Haupt Euch segnend schmücken.
Calderon.
Estrella! Gut seid Ihr, doch nicht gerecht,
Da Ihr viel mehr mir gebt, als mir gebührt;
Und gut vertheidigt Ihr, doch ungerecht,
Die Königin, ihr nehmend, was sie ziert: —

Ihr wähnt, daß ihrem Blut die Gluth gebricht?
Ihr wähnt, sie kenne uns're Sprache nicht?
Mit Sonnenaugen hing sie an den Blicken
Des Königs, als sein Arm sie leicht umschlang,
Sie sprach mit süßer Gluth — ach, zum Entzücken! —
Des Königs Verse, wie der Sphären Sang,
Und Verse, die — ich sag' es Euch gelind —
Nicht besser doch, als meine Verse sind.

Estrella.
Ei, ei! Sennor! so seid Ihr eitel doch. —
Nun will ich Euch einmal auch Schlimmes sagen:
Ihr tragt zwar leicht des Tadels schweres Joch;
Gleichgültigkeit jedoch könnt Ihr nicht tragen.

Calderon.
Nun seid Ihr schlimm, so schlimm als ungerecht.

Estrella.
Doch hört' ich stets von Euch gerecht mich nennen,
Und ward um die Gerechtigkeit von Euch,
Als Schülerin, zur Freundin bald erhoben; —
Doch nun ob ich gerecht, ob ungerecht,
Als Freundin fordre ich wie stets mein Recht,
Daß Ihr mir beichtet was Euch schmerzlich drückt;
Wie Ihr gethan in traulicheren Stunden,
Eh' noch der Nord dem Süden sich verbunden;
Denn so lang ist's, seit diesen sieben Tagen,
Seit diese Königin bei uns erschienen, —
Daß Euch des Trübsinns finst're Plagen
So dicht umwölken die sonst heit'ren Mienen. —
O, Calderon! Nicht kann ich trüb' Euch sehen.
Habt Ihr nicht das Vertrauen ganz verloren
Zur Freundin, die zum Trost Ihr Euch erkoren,
Laßt sie im Buche Eures Trübsinns lesen,
Wie in den Blättern Eures klaren Geistes. —
(Scherzhaft) Ihr beichtet was Euch drückt; ich sprech Euch frei;
Mein frommer Zuspruch treibt aus Euch den Bösen.
Bei meinem weißen Bart! Ihr sollt genesen.

Calderon.
Estrella! wär ich mir nur selbst erst klar,
Klar würd' ich Euch, wie sonst Beweise geben,

Daß ich auf des Vertrauens Hochaltar
Gern läg' des Herzens wie des Geistes Streben.
Bald flieh ich das Gewühl in bangem Lauf —
Drum floh ich von Madrid's Gebraus hierher —
Bald fühl ich mich allein und lebensleer,
Dann such ich Euch und Eure Laune auf,
Und such der rohen Menge stürmisch Treiben,
Die wilden Stürme hier zu übertäuben.
Ich kann's nicht Haß, ich kann's nicht Liebe nennen;
Ich weiß, daß solchen Tobens wilde Horden
Ich oft gemalt, und kann's doch nicht erkennen: —
Zum Stümper bin ich an mir selbst geworden!
Estrella.
Ist's weiter nichts, so wird's bald wieder gut;
Denn seht, dies fühl auch ich, bin ich allein:
Mein Pater meint, es käm' vom heißen Blut,
Ich sollte nicht allein, nicht müßig sein;
Drum bete ich, und les', und find ich Euch,
So schwindet mir auch jenes Bangen gleich; —
So mein ich, daß auch Ihr mich suchen sollt,
Wenn Ihr Euch mattgeschrieben, satt gelesen!
Bei meinem weißen Bart, Ihr sollt genesen!
Calderon.
Ihr seid, wie immer, neckisch, leicht, doch gut;
Auch mir soll's, hoff' ich, leicht und gut bald werden,
Denn meines bangen Blutes Ebb' und Fluth,
Und was nur immer glüht und blüht auf Erden,
Hab' ich mit meiner Sehnsucht Sonnengluth
Gehaucht in dieses neue Zauberspiel,
Womit der König seine Königin
Hier in Aranjuez nun will begrüßen: —
Das Eis der Königin schmelz' vor der Macht
Der Phantasie; sonst mag die ew'ge Nacht,
Die Nacht, die in mir selber liegt, umschließen!
(Der König erscheint mit Olivarez, Perez u. Don Juan, winkt dem übrigen Gefolge abzugehen.)
Estrella. *(zitternd.)*
Die Königin soll vor der Gluth zerschmelzen?
Calderon. *(Ihre Hand ergreifend.)*
Was sinnet Ihr, Estrella? Glaub ich fast,
Mein Trübsinn ist auf Euch nun übergangen.

Zweite Scene.
König. Olivarez. Perez. Juan und Vorige.

König.
Ich grüß Euch, Calderon, und Euch, Estrella! —
Doch stör' ich Euch, so stör' ich mir die Freude,
In sehen Euch im traulichen Gekose.

Calderon.
Mein König ist zu gut für einen Störer,
Und eben gut, zu mehren meine Hörer.
Wenn's Euch beliebt, mein königlicher Herr,
Beginn' ich, was ich eben vorgelesen.

König.
Ich dank Euch, Calderon, für Eure Sorge,
Mit Blüthenduft des Geistes uns zu laben.
Doch sind zu müde wir; zuvorgeeilt
Der Königin, dem theuren Weib, mit Euch
Den festlichen Empfang ihr zu bereiten,
Sind wir so windesschnell hieher geritten,
Daß bald wir die Ermüdung eingeholt.
Der Geist sucht Friede, ist der Körper müde;
Und nur mit kräft'gem Geist soll man Euch folgen;
Denn mit verhängtem Zügel reitet Ihr
Das Musenpferd durch Wolken auf zum Licht,
Als fürchtet Ihr der Erden Stöße nicht.

Calderon.
Wir fürchten nicht der Erde Stoß und Beben,
Da Erdenstöße uns zum Himmel heben.

Perez. (Zu Juan.)
Er meint wol auch die Stöße unsrer Degen;
Die geb' ich ihm, ist ihm daran gelegen.

König. (Zu Calderon.)
Doch, hoff' ich, habt Ihr in der Himmelslust
Die Feste unsrer Erde nicht vergessen.
Habt Ihr gethan, warum wir Euch gebeten?

Calderon.
Der Fluren Zier, durch des Triumphes Bogen,
Und Eure Treuen, glühend vor Verlangen,
Sind schon geschmückt mit Kränzen eingezogen,
Der Krone schönste Perle zu empfangen.

König.

Für Eure That werd' ich Euch thätlich danken;
Für dies, sonst Eurer Zunge fremde Wort,
Wodurch der Königin Ihr eben schmeichelt,
Will Eurem Ohr ich mit dem Beifall schmeicheln,
Den Eurem Schauspiel zollt die Königin,
Die Euch dafür gedankt, davon entzückt,
Hätt' Euch Bescheidenheit nicht schnell entrückt.

Calderon.

Ich bin hieher geeilt, das neue Fest
Wie auch das neue Schauspiel zu vollbringen.

König. (Das Manuskript nehmend.)

Ich staun; wie konnte dies so schnell gelingen?

Calderon.

Der Hauch der Gunst belebt die matten Schwingen;
Drum konnte leicht es mir so schnell gelingen.

König.

Ihr nennt es leicht, weil's Euch so leicht gelungen;
(Es wiegend.) Doch seh' ich, ist es schwer: wenn sein Gewicht
Den Inhalt auch des ersten überwiegt,
Hat Euer Geist Mariannens Gunst ersiegt.

Calderon.

Ich hab's mit Liebe und mit Muth geschaffen;
Und siegreich, sagt man, sind ja solche Waffen.

König.

Was meint Estrella, die so streng als mild,
Euch leiht im Urtheil ihr kristallen Schild?

Estrella.

Mein güt'ger König traut mir allzuviel; —
Mein Aug' kann nie den hohen Flug erreichen,
Wie muß da nicht des Auges Strenge weichen;
Drum fließt mein Urtheil mild nur vom Gefühl,
Das, von der Sonn' erwärmt, nicht ahnt die Flecken,
Die auch des Neides Blicke kaum entdecken.

Olivarez.

Mein König! fragt doch meine Tochter nicht;
Die zieht der Sonne vor — sein Lampenlicht.

König. (Zu Calderon.)

Nun kommt, und zeiget uns des Festes Kranz;
Und dann, geschmückt, der Königin entgegen!

Doch pflückt mir erst die schönste Rose dort;
Sie soll die schön're Schwester schamroth grüßen
Und fallen zu der Rosenkön'gin Füßen.

<small>Estrella ist mit Calderon zur Rosenlaube geeilt, steigt auf die Rasenbank, um die höchste Rose abzupflücken, vom Dorn verletzt, sinkt sie mit einem Schrei in Calderon's Arme.</small>

König. (Zu Olivarez.)
Seht doch die schöne Gruppe! — Wie gesagt:
Ihr gebt mir nach; wir müssen sie verbinden.

Olivarez. <small>(Nach einer Verbeugung, für sich.)</small>
Ist dir die Tochter in den Arm gefallen,
So fällst du sich'rer in des Vaters Krallen.

König. <small>(Zu Calderon.)</small>
Gefällt Euch wol des Zufalls schöner Fall?

Calderon.
Nur Eine schöne Rose wollt' ich pflücken,
Doch that der Zufall Zwei an's Herz mir drücken.

König. <small>(Von ihr die Rose nehmend.)</small>
Der Rose spitz'ge Nägel kämpften heiß
Mit Euren Rosenfingern um den Preis.
Es ist ein blut'ger Fingerzeig der Rose —
Daß oft auch Schmerzen folgen dem Gekose. <small>(Alle ab.)</small>

Dritte Scene.

<small>Estrella bleibt allein zurück.</small>

Estrella. <small>(Sinnend.)</small>
„Daß oft auch Schmerzen folgen dem Gekose?!"
Was meint er wol damit? — Er sah dabei
Auf Calderon. — Mir ward so bang' um's Herz.
<small>(Nachdem sie bei den letzten Worten an das Herz gegriffen, schmerzlich.)</small>
Ha, wie das sticht! — Der Schmerz erwacht nun wieder;
Ist dies der Schmerz, der folgt nach dem Gekose? —
Wie schnell vergaß ich diese Dornenschmerzen,
Als ich geruht an seinem edlen Herzen;
Als ich erwacht in seines Busens Bette,
Wie stürmten da die Pulse um die Wette;
Mein banges Herz empfand mit süßem Beben,
Daß nach dem Fall es erst begann zu leben! —

Und er, er hielt mich fest — ließ kaum mich los —
Ach, hätt' er mich doch nimmer losgelassen! —
Was sagt er doch mit einem süßen Lächeln?
„Zwei Rosen drückt der Zufall ihm an's Herz?" —
Er ist so gut — ist mir vor Allen gut! —
Was mag er mit der Königin nur haben?
Nie sah ich sie, — doch könnt' ich sie nicht lieben;
Sie ist so kalt; denn sagt er nicht von ihr:
„Das Eis der Königin schmelz' vor der Gluth
Der Phantasie." — Mein Gott, so liebt er sie!
Warum erschrack ich, daß mir alles Blut
An's Herz gestürmt, daraus ihn zu verdrängen; —
Ihn zu verdrängen?! Also lieb' ich ihn? —
Mein Gott! Ein Schrecken folgt dem andern nach:
Das sind „die Schmerzen" wol nach „dem Gekose!"
(Sich umsehend.) Ich lieb' ihn, ja! nicht kann's die Stolze wehren,
Den Göttlichen rein liebend zu verehren.
Nun ja, ich lieb' ihn; ist's denn eine Sünde?
Ich ahnt' es längst, daß ihm mein Herz geneigt;
Doch Eifersucht hat erst die Lieb' erzeugt;
O herbe Mutter von so süßem Kinde!
Doch ich will ihm nicht herbe Mutter sein;
Ich will das süße Kind so munter pflegen,
Daß es mir hüpfend folg' auf allen Wegen. —
D'rum hüpfe Fuß, ist gleich die Hand voll Schmerz,
Dann hüpft wie sonst mit dir das bange Herz. (Hüpft ab.)

Ein anderer Theil des Parkes.
(Im Hintergrunde ein Triumphbogen, links eine Terasse mit einem Blumenthren.)

Vierte Scene.

Castellan, Diego, Pedro und andere Leute, im Hintergrunde beschäftigt den Triumphbogen zu schmücken.

Castellan.
Nun, Burschen! Tummelt Euch, macht alles fertig!

Diego.
Was das für Lärm um eine Ketzerin!

Pedro.
Um eine Ketzerin was für ein Lärm!

Castellan.
Wer brummt denn hier von einer Ketzerin?
Pedro.
Diego meint die Königin damit.
Diego.
Der sagt, die Königin sei Ketzerin.
Castellan.
Wer hat den Westwind Euch in's Ohr geblasen?
Diego.
Nun, Winde sagen es mit langen Zungen.
Castellan.
In's lange Ohr Euch, daß Ihr dumme Jungen.
Pedro.
Nun, Ihr seid wol kein Junge (zu Diego) aber dumm.
Castellan.
Was schwatzt der weiße Jude Dir in's Ohr?
Pedro.
Doch besser, als Bastard der schwarzen Heidin.
Castellan.
Ich glaub' der Kerl sticht auf mein braun Gesicht.
Diego.
Er sagt, sie komme aus dem Ketzerlande,
Aus Deutschland, folglich ist sie Ketzerin.
Castellan.
Ihr dummes Volk! sind alle Deutsche Ketzer?
Da reißen sich die Leut' fast dreißig Jahr'
Noch immer aus dem Kopf das blut'ge Haar,
Und doch nennt man sie Ketzer. Dumme Schwätzer!
Ihr kennt ja nicht einmal die Historie
Des Krieg's, und dennoch schwatzt Ihr alle d'rein.
Pedro.
Nun, wenn Ihr die Historie besser kennt,
So sagt sie uns.
Castellan.
Ihr Jungen seid nicht werth,
Daß sich ein weiser Mann mit Euch viel scheert;
Doch will ich von dem Kriege Euch erzählen:
Ihr wißt — Nun damals war't Ihr kleine Jungen —
Doch habt Ihr wol gehört von Donna Maria,
Des vor'gen Königs Tochter und die Schwester

Des Königs Philipp, unser's guten Herrn;
Ihr habt gehört, wenn Ihr sie nicht gekannt,
Wie engelfromm und himmelschön sie war,
Und daß man sie die „Himmlische" genannt;
Nun, diese ward mit Ferdinand vermählt,
Der fromme, große, röm'sche, deutsche Kaiser. —
Nun sagt mir noch, ob unf're Königin,
Weil sie aus Deutschland, eine Ketz'rin ist,
Die einerseits ist der Maria Tochter
Und and'rerseits des Ferdinandus —

Beide (einfallend und ablaufend.)

Sohn.

Castellan.

Potz, dumme Jungen Ihr, ist das mein Lohn? (Alle ab.)

Fünfte Scene.

Don Perez und Don Juan kommen in Gespräch.

Perez.
Ich sage Euch, stellt Euch nur auf den Kopf,
Ihr werdet Eurem Namen Ehre machen.

Juan.
Sennor, nun sagt, wie deut' ich dieses Räthsel!

Perez.
Das weiß ich nicht; doch hört, wie ich's verstehe:
Ihr kennt die Sage wol vom Don Juan;
Der hatt' in jedem Lande tausend Liebchen,
Die alle ihn, obgleich er sie verlassen,
Noch liebten stets, unfähig ihn zu hassen;
Seitdem hilft auch der Name Don Juan
Bei Weibern als Empfehlungsbrief dem Mann:
Wie heißt nun Ihr, und wo sind Eure Liebchen?

Juan (seufzend.)
Der schmachtende Juan hat noch kein Liebchen!

Perez.
Versteht Ihr jetzt mich wol, mein süßer Mann?
Ihr seid der umgekehrte Don Juan:
Steht auf dem Kopf zu Eures Namens Ehren;
Vielleicht wird dann ein Mädchen Euch begehren.

Juan.
Doch mich begehrt nach keinem andern Mädchen,
Als nach dem reinsten Engel, Eurer Schwester. —
Ach, wär' sie mein! — Wird sie nicht meine Braut,
So sterb' ich unbeweibt, ich schwör' es laut!

Perez.
Wie dauert Ihr mich, Don Juan, fürwahr!
Ein span'scher Edelmann, ein schmucker Junge,
Vom Zehennagel bis zum schwarzen Haar
Voll Kraft und Adel, wie ein junger Aar,
Verschmachtet, seufzend lahm die frische Lunge:
San Pedro! Laßt das Seufzen, braucht die Zunge!
Die Zung' ist glatt und schmiegsam wie ein Aal,
Der unbemerkt ihr in den Busen schlüpft;
Ihr werdet seh'n, und wär' ihr Herz von Stahl,
Daß es im Zucken Euch entgegenhüpft.

Juan.
Die Zunge lähmt mir, ach, ein heißes Wehe;
Ich kann nicht reden, seufzen kann ich nur:
Verlegen werd' ich stets in ihrer Nähe.

Perez.
Ein span'scher Edelmann wird nie verlegen,
Sei's mit der Zunge, sei es mit dem Degen;
D'rum folgt nur meinem Rath, und greift sie an
Mit bunten Reden, und mit scharfen Blicken,
Ein Pikardor mit Fahnen und mit Piken,
Denn so geziemt's dem span'schen Edelmann.

Juan.
Ich bin, fürwahr, ein span'scher Edelmann;
Doch dies ist leicht gesagt und schwer gethan.

Perez.
Ei! — Seht einmal den schlauen Calderon;
Nicht hübsch, wie ihr, ein Mann von vierzig Jahren;
Der kennt der bunten Reden mächt'ge Kunst,
Daß jedes Weib ihm gäb' der Liebe Lohn,
Und jede Maid ihm gäb' der Minne Gunst.

Juan.
Ja, Calderon, der ist ein großer Dichter.

Perez.
Das sind wir alle Männer, so wir wollen,
Und Lieb'stribut mit falscher Münze zollen;
Die Weiber glauben gern, was wir erdichten;
Denn wen'ger noch vertragen sie die Wahrheit,
Als Männerang' verträgt der Sonne Klarheit. —
Drum lieben sie — nicht Thaten — nur Geschichten,
Und lieben auch — in schiefer Geistesrichtung —
Nicht ernste Männer, Dichter blos und Dichtung.
Und was ist dichten? — Nichts, als übertreiben!
Drum lernt erst dichten, wollt Ihr Euch beweiben.
Liebt etwas wen'ger, doch erdichtet mehr;
Ihr fangt den Vogel dann, bei meiner Ehr'!

Juan.
Das hilft mir nichts: Estrella ist zu klug,
Sie weiß zu scheiden Wahrheit von dem Trug.

Perez.
Es hilft! Helft mir nur zu des Gut's Besitz,
Euch zu Estrellen hilft dann schon mein Witz. —
Drum folgt mir dreist, und dichtet ihr was an;
Bei Amor's Witz! sie nimmt Euch bald zum Mann. —
Zum Beispiel; flötet so mit süßer Stimme:
„Dein Aug' ist schwarz und heiß wie Kohlengluth,
Dennoch erstarrt Dein kalter Blick mein Blut;
Und deine Hand ist weiß wie Märzenschnee,
Befühl' ich sie, so fühl' ich heißes Weh!"
Etcetera. So müßt ihr übertreiben,
Und fein erdichten, wollt Ihr Euch beweiben.

Juan.
Ich will Euch folgen, und es gleich versuchen.
Was thut man nicht um einen solchen Preis!
Und wenn es mir gelingt sie zu erlangen,
Sollt Ihr auch Terrabuena gleich empfangen.

Perez (reicht die Hand.)
Ich nehm' von Euch das schöne Terrabuena,
Doch nicht als Mühelohn für Rath und That,
Das hieß' die eig'ne Schwester ja verkaufen,
Unwürdig eines span'schen Edelmann's —
Nein, nein! — Ich nehm's als einer Wette Preis;

Ihr sagt: Estrella nimmt Euch nicht zum Mann;
Ich sag': sie ist Euch gut und nimmt Euch an;
Gewinn' ich, so ist Terrabuena mein;
Wenn Ihr gewinnt — das heißt: sie nicht gewinnt —
Dann geb' ich Euch — was geb' ich? —Einen Schein;
Denn, wie Ihr wißt, so hab' ich jetzt noch nichts,
Und nichts gibt mir der alte Filz, mein Vater.

Juan.
Hat Unrecht nicht, da alles Ihr verpraßt. —

Perez.
San Pedro! Span'scher Edelmann will leben
Bei gold'nen Braten an den Silberspießen,
Madeira trinken, Würfelspiel genießen
Und was noch Angenehmes liegt daneben. —
Drum müßt Ihr Euch noch mit dem Schein begnügen,
Bald stirbt mein Vater und bald werd' ich Kanzler;
Dann heb' ich Euch zu Würden mit Vergnügen;
Mit Aemtern lohn' ich Euch dann die Geduld,
Und zahl' mit Ehren Euch die alte Schuld.

Juan.
Doch Euer Vater wird sie mir nicht geben.

Perez.
Versucht nur ihre Gunst erst zu erstreben;
Für meines Alten Gunst laßt mich nur sorgen.
Es kommt nur darauf an, den Calderon
Bei ihm, wie auch beim König zu verdrängen.
Denn, im Vertrauen Euch gesagt: mein Vater
Begünstigt Calderon nur mit Estrellen,
Weil es der König wünscht, und weil er fürchtet,
Der schlaue Calderon könnt' ihn beim König
Leicht aus dem Kanzlersattel heben.

Juan.
D'rum will er klüglich ihm Estrella geben,
Durch's Rosenband im Zaume ihn zu halten.

Perez.
Vergeßt nur nicht an mich; laßt mich's gestalten;
Denn mir ist er im Wege so wie so, —
Was Vortheil will, dem Witze wird's gelingen,
Gebt Acht, ich laß den Calderon Euch springen.

Sechste Scene.

Estrella. Vorige.

Estrella.
Schön Brüderchen hat mich noch nicht begrüßt.

Perez.
Schön Schwesterchen hat mich noch nicht geküßt.

Estrella.
Zuerst begrüße mich, dann küß' ich Dich.

Perez (mit affektirter Feierlichkeit.)
Sei mir gegrüßt, Estrella, Stern der Freude!
Geschmückt wie eine Ros' im Lilienkleide!
Warum geschmückt mit Blumenzier der Flur?
Denn Rosen, Lilien gab Dir schon Natur.

Estrella.
Du spottest wieder; doch will ich Dich küssen (küßt ihn.)

Perez (zu Juan.)
Seht, Don Juan! So müßt Ihr's mit ihr machen.
Wollt Ihr, gleich mir nach Lust in's Fäustchen lachen. —
(laut.) Des Freundes Schwester dürft Ihr wol auch grüßen;
(leise.) Erdichtet; auf mein Wort, sie wird Euch küssen!

Juan (nähert sich ihr.)
„Dein Aug' ist schwarz und heiß wie Kohlengluth,
Dennoch erstarrt Dein kalter Blick mein Blut;
Und Deine Hand ist weiß wie Märzenschnee,
Befühl' ich sie, so fühl' ich heißes Weh." (küßt ihre Hand.)

Estrella.
Ha, ha, ha! Don Juan, Ihr seid zum Küssen;
Doch sagt, wer hat Euch's Zungenband gelöst
Und auch gelehrt die Verse Calderon's?

Siebente Scene.

Calderon. Vorige.

Juan (schnell.)
Nun sprecht, Sennor, was will sie damit sagen?

Perez (langsam.)
Daß Don Juan nicht mehr ist zu beklagen.

Doch seht; da ist der Wolf schon in der Fabel,
Ich wollt', er säße warm im Thurm zu Babel.
Calderon.
Wie ist's, Sennora, mit der wunden Hand? —
Es scheint, daß ihr viel ros'ges Blut entflossen,
Aus dessen Tropfen, wie ein bluthroth Band,
Nun Rosen rings um Euer Kleid entsprossen.
Perez (zu Inan.)
Hört Ihr, wie schlau erdichtet dieser spricht?
Ein Andrer würde sagen: Blut befleckt,
Doch Eu'res hat mit Rosen Euch bedeckt.
Inan.
Ach, könnt' ich dichten, mindestens wie Ihr!
Perez.
Das ganze Zeug ist Spaß nur, glaubet mir.
Calderon.
Im Ernst, Estrella, ja Ihr seid so schön
Geschmückt, wie ich Euch sonst noch nie geseh'n.
Estrella.
Auch Ihr habt der gewohnten schwarzen Tracht
Nun vorgezogen bunter Kleider Pracht;
Doch trüb, wie sonst, umwölkt ist Eure Miene.
Calderon.
Aus Frankreich sind die Wolken hergeflogen,
Verhüllend mir des Tages heitern Glanz. —
Dem König brachte man solch' finstre Botschaft,
Daß er mit Eurem Vater sich verschlossen;
Und Nebel seiner Stirne drohen mir,
Mit schweren Wettern mich dahin zu senden.
Estrella.
Und dies, Sennor, wird Euch doch nicht betrüben?
Denn sonst war's Eures frommsten Wunsches Streben,
Den weisen Cardinal von Richelieu
Von Angesicht zu Angesicht zu schauen;
Und jetzt könnt um so besser Ihr's erfüllen.
Calderon.
Sonst war's mein Wunsch — doch jetzt ist's mir ein Grauen.
Perez.
Laßt Euch kein graues Haar im Grauen wachsen;
Der König weiß noch manchen zu erwählen,

Der, solcher Sendung werth, sie weiß zu fassen,
Mit weisen, feinen Fingern der Berechnung,
Doch nicht auf Fingern, Versen gleich, zu zählen.
Calderon.
Auch nicht mit Fingern leicht damit zu spielen.
Perez (rasch).
Was wollt Ihr sagen mit dem Worte „spielen"?
Calderon.
Ein Wortspiel nur, den Uebermuth zu kühlen.
Perez.
Das fordert Blut.
Calderon.
Mit Blut will ich Euch zahlen. (Zechtend.)
Estrella.
Sennores, haltet ein!
Juan.
Der König kommt!

Sechste Scene.

König. Olivarez. Granden. Gefolge. Vorige.

König.
Was muß ich seh'n? denkt Ihr mit Klingenspiel
Im Zornestanz die Königin zu grüßen? —
Nicht frag' ich, wer zuerst den Streit begonnen,
Da Beide gleich Ihr schuldig seid zu büßen;
Und Beide seid verlustig Ihr der Sendung,
Die Euch nach Catalonien, so wie Euch
Nach Frankreich zugedacht. — Ich brauche Männer
Mit kaltem Blut und auch mit weisem Muthe.
Zur vollen Buße meidet Ihr die Wonne,
Mit uns zu grüßen Spaniens Zier und Sonne. (Beide ab.)

(Velasquez tritt schnell auf.)

Velasquez.
Die Königin!

König.
Auf, Granden, ihr entgegen! (Alle ab.)

Velasquez (zu Estrella.)
Sennora, sagt, wo ist mein Freund?
Estrella.
Er hatte
Mit Perez wieder Streit, und ward verwiesen.
Volk (hinter der Scene.)
Heil Mariannen! Mariannen Heil!

Neunte Scene.

Die Königin wird auf einem Triumphwagen von blumenbekränzten Jünglingen durch den Triumphbogen geführt.

König.
(Indem er sie vom Wagen hebt und umarmt.)
Willkommen, theure Marianne hier!
(Vertretend) Der Staatsgeschäfte eisenfeste Arme
Umfingen meines Nackens Liebesflügel,
In deine Lilienarme nicht zu fliegen.
Marianne.
Drum soll nun meiner Arme weiches Band
Den Nacken um so fester Dir umschließen,
Den harten Druck, von der Geschäfte Hand,
Mit zartem Druck und Kuß Dir zu versüßen. (küßt ihn.)
Alle.
Heil Mariannen! Mariannen Heil!
König.
Hör' theures Weib! sie rufen Heil Dir zu. —
Marianne.
Weil Heil ich brauch', um Wunden mir zu heilen,
Da, kaum vermählt, als Wittwe mußt ich weilen; —
Denn, ach, der Tag, mich zwingend dich zu missen,
Umschlich mein sehnend Herz mit lahmen Füßen.
Estrella (für sich.)
Wie liebenswürdig! — Liebt nur Er sie nicht,
Dann ist zu lieben sie mir süße Pflicht.
König.
(Nachdem er sie zum Blumenthron geleitet.)
Drum ruhe von der Pein des Tages aus,
Dann komme liebend in mein freundlich Haus.

2*

Alle.

Heil Mariannen! Mariannen Heil!

Marianne (sich erhebend.)

Ich grüß' Euch dankvoll, treue Unterthanen!
Denn nicht vergaß ich unf'rer lieben Kinder,
Als den erlauchten Vater ich umarmte,
Ich grüß' Euch nochmals herzlich, liebe Kinder!
Denn Kinder sollt Ihr mir in Zukunft sein;
Wie meine Mutter, die auf Eurem Grunde,
In Eurer Mitte, unter Eurer Sonne
Emporgeblüht zu zweier Länder Wonne,
Mich stets gelehrt mit ihrem frommen Munde
Der Volksmutter hohen edlen Sinn,
Die Pflicht und Sorge einer Königin,
So will ich streben Eurem Wohl zu leben. —
Und kann ich gleich die Höhen sanfter Schönheit
Der Seele wie des Leibes nicht erreichen,
Auf deren Gipfel sie der Himmel stellt,
Zum Stolze zweier Staaten, ja, der Welt;
So hoff' ich doch in Einem ihr zu gleichen,
Die Mutter meines treuen Volks zu sein!
Drum wie Ihr jetzt mit Liebe mich empfangen,
Will ich mit Lieb' Euch stillen jed' Verlangen.

Alle.

Es leb' die Königin! der König lebe!

Der Vorhang fällt.

Anmerkung: Die zweite Handlung muß bald nach der ersten folgen.

Zweiter Akt.

Calderons Zimmer.
Erste Scene.
Calderon
(sitzt an einem Schreibtische, worauf eine Lampe brennt.)

Was ist aus dir geworden, Calderon?
Du suchst die Ruh', und suchst sie, ach! vergebens
In diesem Sturm; selbst die Religion,
Die sanfte Amme deines kindlich Lebens
Versagt die milde Brust dem wilden Busen,
Deß Hochaltar, entweiht von Sündenflammen
Der freylen Liebe, stürzte mir zusammen. —
Und lieb' ich wirklich — oder lieb' ich nicht? —
Ach, kann ich zweifeln noch bei solcher Pein,
Die, mich vergessen lehrend Freundespflicht,
So hell aus meinem glüh'nden Herzen bricht;
Nein, dieser Gluth entströmt kein falscher Schein!
Denn jetzt, wo mich von ihr sein Zorn verbannt,
Wo ich des Glaubens Öhl umsonst verbrannt,
Jetzt fühl' ich erst: mein Himmel stürzte ein. —
Bald will vor Gott ich reuig niederfallen,
Bald fassen mich der Sinne Höllenkrallen,
Und zieh'n mich in den Sündenpfuhl hinein. —
Was bin ich jetzt, und was bin ich gewesen!
(Die Hände faltend.) O, mögst Du, Gott, von Nebeln mich erlösen,
Verhüllend der Versuchung falschen Schein,
Und führ' in diese Brust den Frieden ein!
(Nach einer Pause auflehnend.)
Was ist aus meiner Seelenruh' geworden?!
Wo ist die Ruh', die mit dem Schlummerliede

An meinem Lager wachte? wo der Friede,
Der mit Geduld durch's Leben mich geführt? —
Sie flohen hin die Sterne stiller Nacht
Beim ersten Strahl der Sonne, die mit Macht
Die Tagesgluth im Herzen mir geschürt;
Und es wird hell vor meinem trüben Blicke;
Was ich so lang gesucht, ich hab's gefunden;
Die Liebe in des Busens tiefen Wunden;
Doch seh' ich klar des Schicksals Höllentücke,
Daß Liebesgluth den Glauben mir ersticke,
Hat mich verletzt und läßt mich nie gesunden. —
Sie ist sein Weib, — und an ihn festgebunden;
Sie ist sein Weib, und, ach, die Himmelsmilde
Der Tugend strahlt von ihrem Engelsbilde! —
Sie blieb so gnädig stolz — sie liebt nur ihn,
Nur einmal, einmal sah ich diese Sonne,
Und hin war meines Friedens stille Wonne,
Und meiner Augen reines Licht ist hin. —
Ha, mußt ich drum der Liebe stets entweichen,
Um dennoch spät vor ihr jetzt zu erbleichen?
Drum will ich fliehen diesen heißen Strahl,
Der wie der Blitz, entzündet und versengt.
Dann flieht auch mich der Liebe Höllenqual.
Wir können nie dem ersten Schlag entgehen,
Doch flieh'n wir, fliehen uns die fernern Wehen! —
Drum fort von hier; auf immer fort von ihr!
Die Gluth in meiner Flammenbrust zu dämpfen,
Bis alle Funken aus dem Busen schwinden;
Den Sturm in meiner Brust will ich bekämpfen
Im Sturm des Kriegs den Frieden mir zu gründen. (Will ab.)

Zweite Scene.

Velasquez begegnet ihn an der Thür.

Velasquez.

Ho, Ho! Wohin so stürmisch, Calderon?
Du stürmest ohne Kopf davon, glaub' ich;
Denn auf dem Tisch dort liegt Dein Hut und Degen:
Willst Du zur Königin so? — Meinetwegen!

Calderon.
Zur Königin?! Warum zur Königin?
Velasquez.
Weil Dich die Königin zu seh'n begehrt;
Ich meinte drum, daß Du es schon gehört,
Und willst Dich auf den Weg nun zu ihr machen,
Mit ihrem Aug' zu weinen und zu lachen. —
Calderon.
Sprich klar, — heut malt Dein klarer Pinsel trüb.
Velasquez.
Ein trüber Pinsel hebt erst recht das Licht,
Weil's nie an Schatten-Farben ihm gebricht;
Gleichwie der Dichter, deß Melancholie —
Getaucht im Farbentopf der Phantasie —
Mit trüber Stimmung schafft ein klar Gedicht.
Calderon.
Bring nur in deine dunklen Worte Licht.
Velasquez.
Wol; hab' ich gleich nicht Farben bei der Hand,
So will ihr Bild ich Dir mit Worten malen: —
Dein Trauerspiel begann vor einer Stunde;
Da saß die Königin mit off'nem Munde;
Ihr blaues Auge, wie der Himmel rein,
War bald mit Wolken, bald mit Sonnenschein,
Und bald mit Gram, mit Wonne bald umflogen;
Die Wolken löften sich in Thränenregen,
Drauf lacht' ihr Aug', der Sonne gleich, den Segen.
So glich ihr Antlitz einem Regenbogen;
Mit dessen Siegesfarben schickt sie mich;
Denn sie will seh'n, und — ja — bewundern Dich. —
Da bin ich nun, und sag' es Dir mit Grauen,
Dein erster Akt ist gar nicht anzuschauen;
Den zweiten doch kannst Du soeben sehen,
Doch mußt Du erst mit mir zur Kön'gin gehen.
Calderon.
Velasquez, höhnst auch Du den treuen Freund?
Velasquez.
Zum Henker, eher küß' ich meinen Feind! —
Velasquez soll den besten Freund verhöhnen?

Sagt, Calderon, wen hab' ich je verhöhnt? —
Ich komm', um Euch mit angenehmen Farben
Den Schatten an der Stirne aufzufrischen,
Und mit dem guten Pinsel meiner Kunde
Der bösen Launen Flecken wegzuwischen;
Doch habt Ihr meine Laune mir verwischt.
Calderon.
Vergieb, Velasquez! Alles glaub ich Dir,
Doch diese Hoffnung faßt nur schwer mein Glaube;
Denn wie ein Himmelswunder scheint es mir,
Daß diese Königin der Huld Panier
Vom Himmel niederläßt zu mir im Staube.
Velasquez.
Man sagt ja Wunder sich von Euren Werken,
Was wundert Ihr Euch über solche Wunder?
Calderon.
Man sagt? — Sag nur, daß diese Königin
In Wahrheit mich mit ihrer Huld beglückt.
Velasquez.
Nun ja doch; hat Euch dies denn so berückt? —
Oft sah ich, wenn bei Euren Schöpfungen
Der Haufe sich die Hände wund geklatscht,
Euch ruhig sinnend stehen, ohne Stolz;
Und diese Tugend zog mich zu Euch hin.
Jetzt seh' ich: unten die sind Euch gering;
Von oben muß Euch erst der Ruf erschallen,
Soll Euch der Andern Beifall recht gefallen.
Calderon.
Velasquez, Euer Argwohn schmerzt mich mehr,
Als Euch zuvor mein herbes Wort gekränkt.
Velasquez.
Und sieh', das freut mich; denn jetzt sind wir quitt;
Komm an mein Herz: (umarmt ihn) und jetzt zur Königin.
Calderon.
Soll ich hingehen — oder soll ich fliehen? (zögernd.)
Velasquez
(giebt ihm Hut und Degen, und zieht ihn mit sich fort.)
Komm! komm! wie bist Du heute wunderlich! (Beide ab.)

Vorzimmer der königlichen Loge
(mit zwei Seitenthüren, im Hintergrunde zwei kleine Logenthüren und eine breite, offene Loge, durch welche man die Königin und Estrella sieht; während aus dem Hintergrunde Beifall erschallt, tritt der König mit einem offenen Schreiben in der Hand hervor, begleitet von Olivarez.)

Dritte Scene.

König. Olivarez.

König (lesend.)
„Und zu den Waffen haben sie gegriffen"
(bleibt sinnend stehen.)

Olivarez.
Mein König! dieser schlimmen Nachricht Ernst
Erheischt in unserm Wirken ernstern Nachdruck.

König.
Schon wieder Nachdruck — ha, und immer Nachdruck!
Wenn Ihr sie vorher nicht mit hartem Druck
Empört, wir brauchten jetzt den Nachdruck nicht.

Olivarez.
Der Druck, mein König, treibt ja die Maschine:
Durch Ruck und Druck bewegt das Ruder sich,
Und führt das Schiff leicht durch bewegte Wogen,
Gleich einem Schwan, der schifft im Silberbach; —
Ja selbst der Druck der hohen Athmosphäre
Verkündet unter Donner, unter Blitzen
Der niedern Erde nur den bald'gen Regen,
Und zieht aus hartem Boden gold'nen Segen.

König.
Gebt Acht, Ihr zieht auch aus dem Grunde Gift.

Olivarez.
Ein Druck vom Zahn der List ist Gegengift.

König.
Genug des Nachdrucks, sag' ich Euch nachdrücklich!
Mein Volk ist meine Volksfamilie;
Und hassen müßt' ich den, der mir es kränkt. (Beifall erschallt von innen.)

Olivarez.
Mein hoher Herr ist heute sehr verstimmt.

König.
Wenn Eure Kinder widerspenstig sind —

Doch Ihr habt keine Kinder, könnt nicht fühlen,
Wenn Söhne in des Vaters Herzen wühlen.
Olivarez.
Doch hab' ich Kinder, wenn gleich angenommen,
Die lieb mir sind, als wären's meine Eig'nen;
Für die ich spare, und für die ich strebe.
König.
Ihr täuscht Euch selbst; Ihr spart für einen Bastard,
Der Euer Herz erfüllt, es ist — der Geiz,
Der schon, wie Eure Härte, ward zum Sprichwort.
Doch, wenn Ihr, Eure Kinder liebend, spart,
So zieht's nicht aus dem Boden meiner Kinder,
Die ich von Gott zur Pflege angenommen. (Beifall von
innen. Sinnend.) Zur Sache nun, wir brauchen einen Mann,
Mit Kenntniß und mit Tugend ausgerüstet,
Gekannt und hochgeachtet von dem Volke,
(auf- und abgehend, nach einer Pause)
Nach Catalonien schickt den Calderon.
Olivarez.
Wie, Calderon?
König.
Ja, Calderon! Wen sonst?
Olivarez.
Was soll der dort! Im Sturme Verse machen?
König.
Ihr wißt gar wol, der weiß noch and're Sachen
Von hohem Werth, als bloße Verse machen.
Olivarez.
Ja, beten, fasten, fromme Lieder singen.
König.
Und noch Jurisprudenz vor allen Dingen,
Wie Keiner sie im Lande besser weiß;
Und tapf'ren Muth hat er schon längst bewiesen.
Drum merkt's Euch: der ist recht wie rechtsgelehrt;
Das ist nicht Jedermann, den man drum ehrt.
Doch merk' ich erst, daß Ihr den künft'gen Eidam
Gar schön belobt, und zu empfehlen sucht.
Olivarez.
Er ist's noch nicht, mein königlicher Herr!

König.
Nur darum macht Ihr ihm noch Alles schwer?
Doch hoff' ich, werdet Ihr sie ihm zusagen.
Olivarez.
Man müßte doch zuerst auch ihn befragen;
Denn Dichter, das versteht mein König selber,
Verlieben sich gar leicht, doch sind sie schwer
In Hymens keusche Kämmerlein zu bringen;
Und Calderon, der nie der Eh' geneigt,
Hat nie den Weibern seine Gunst bezeugt;
Und liebt er nicht, so läßt er sich nicht zwingen.
König.
Doch eben darum, mein' ich, daß er liebe;
Er zieht Estrellens Umgang Allen vor —
Ihr wißt: es ist mein Wunsch, durch Eure Tochter
So sich'rer ihn an meinen Thron zu binden.
Olivarez.
Ich hoff' und wünsch' es, da es wünscht mein König;
Nur fürcht' ich, weil er sich noch nicht verrathen —
König.
So rieche Eure Schlauheit an den Braten:
Dann sprecht mit ihm gerad', wenn nicht als Vater,
Als Abgesandter mit des Königs Willen.
Olivarez.
Mein König will es, und ich will's erfüllen.
König.
Nach Catalonien geht dann Calderon;
Es bleibt dabei; er wird nun Euer Eidam.
Laßt mich allein, und morgen mehr davon.
(Olivarez in die linke Lege ab.)

Vierte Scene.

König (allein. Setzt sich nach einer Pause.)
Wenn wir nur Alles könnten was wir wollen;
Wenn Alles wir erkennten was wir sollen;
Wie himmlisch wär' es Alle zu erfreu'n!
Dem Armen helfen, gold'nen Segen schenken,
Den Schwachen stützen und zum Guten lenken;

Wie göttlich wär' die Lust ein Herrscher sein!
Doch Gott, der uns geweiht zu diesem Streben,
Hat uns die **Macht**, doch **Allmacht** nicht gegeben!
(Beifall folgt von innen; darauf tritt Marianne schnell hervor, ihr folgt
Estrella.)

Fünfte Scene.
König. Marianne. Estrella.

Marianne.
Ist Euch nicht wohl, mein königlicher Gatte?
Denn Nebel trüben Euren klaren Blick.
O sprecht, ich leide zwiefach, da Ihr schweigt.

König.
Nicht doch, mein theures Weib! gesund bin ich,
Wie Ihr an Leib und Seele wonniglich.

Marianne.
Und doch verließt Ihr, was das Liebste Euch;
Vergebt, vor Wonne merkt' ich das nicht gleich. —

König.
Mein Liebstes ließ ich, da ich Euch verließ;
Wann wird denn Marianne endlich glauben,
Daß sie mir nebst dem Volk das Liebste ist?

Marianne.
Wie gerne glaub' ich Euch dies, mein Gemahl!
Doch hört' ich selbst aus Eurem süßen Munde,
Daß nach des herben Tages heißem Strahl, —
Daß für der Sorgen täglich neue Wunde
Ein Schauspiel Euch das liebste Mittel ist.
Doch zeigt mir, Herr, den Schmerz, den Ihr verschließt.

König.
Nicht doch, mein Herz und Seel'! Ihr werdet früh,
Nur allzu früh die gold'ne Last der reichen,
Doch schweren Krone mit mir tragen müssen;
Drum theilt nur jetzt die allgemeine Lust,
Von deren Strom Ihr selbst die Quelle seid. —
Nicht wahr, Ihr saht 't kein beß'res Schauspiel noch?

Marianne.
Nie sah ein Spiel ich, würdig noch zu schauen,
Hat Eures Schauspiels Wonne man empfunden;

Selbst die berühmten Fastnachtspiele,
Ja selbst auch die gehorsame „Griselda",
Von unsrem Meistersänger, vom Hans Sachs,
Wie fallen sie im Staube der Verehrung
Hin vor die Majestät des hohen Schauspiels,
Das heute mich vom Staub zum Aether trug: —
Welch' eine Sprache, als ob Geister sängen,
In süßer Harmonie mit Sphärenklängen,
In's Ohr zu träufeln uns des Himmels Wonnen;
Und welch' ein Geist schwebt über jedes Bild,
Der uns das Leben malt so kräftig mild,
Das Aug' uns zu erfreu'n mit geist'gen Sonnen:
Man fühlt ein Leben, und man will mit Freuden
Mit Armen leben, mit der Unschuld leiden!
König.
Ja, ja! mein Calderonchen ist ein Mann.
Marianne.
Ein Mann?! — O preis't ihn nicht mit süßem Spott;
Sagt, dieser Dichter ist ein Erdengott;
Denn, wie im Ernste Gott die Welt erzeugt,
Hat Calderon die Welt im Spiel gezeigt;
Und die Vernunft, die Gott dem Staub vermählt,
In Calderon hat sie den Thron erwählt.
König (aufstehend.)
Ei! meine Marianne ganz vergißt,
Daß hier beim König auch ein Dichter ist,
Und daß wir Dichter, gleich den holden Schönen,
Nicht gerne hören And'rer Lob erwähnen.
Marianne.
Nun, mein Gemahl, so stellt mich auf die Probe.
Laßt Eures Urtheils weise Lippen küssen
Estrellas Schönheit mit dem schönsten Lobe,
Ihr sollt an mir die Ruhe nicht vermissen;
Da ich des größern Vorzugs mir bewußt,
Daß, Euch zu lieben, mir die größte Lust.
König.
Mein süßes Herz, Du Vorbild alles Schönen!
Marianne.
So laßt mich jetzt nur Euer Vorbild sein,

Und ahmt mir nach, den Hohen zu verehren,
Es wird die eig'ne Hoheit Euch vermehren;
Euch wird es leicht, da Himmel und Natur
Mit Allem, was wir schön und edel nennen,
In Euch gelegt des Schöpfers hohe Spur;
(lesend) Doch in dem Einen Reich, der Dichtung nur,
Müßt größer Ihr den Calderon erkennen.
Hab' ich gefehlt, weil wahr die Lippen fließen,
So straft mich nur, ich will es liebend büßen.
König.
Ja, strafen will ich Dich mit heißen — Küssen. (küßt sie.)
Doch wie, mein Herz und Seel', wenn Calderon
Ihr häßlich, lahm und bucklicht, rauh und gottlos,
Voll Neid und and'rer Fehler finden werdet?
Marianne.
So werd' ich glauben, nicht zum ersten Mal
Geschah's, daß es dem Schöpfer wohlgefiel,
Den hohen Geist in Niedrigkeit zu kleiden:
Verschließt die rauhe, harte Kokusschale
Nicht auch den reinen, geistig milden Saft?
Und sitzt der nahrungsreiche, helle Reis
Nicht in dem abscheuvollen sumpf'gem Pfuhle?
Die Rose selbst, die Königin der Flur,
Erhielt ein Dornenkleid von der Natur;
Glänzt nicht das Silber des erhab'nen Mondes
Noch heller, wenn ihn dunkle Nacht umgiebt? —
In Allem ist der Geist nur zu verehren,
In Nebel hüllt er oft die reinsten Lehren! (lehnt sich an ihn.)
Estrella (für sich.)
Soll dieser Strahl kalt, stolz und herzlos sein,
Bin ich ein Schatten nur von diesem Schein.
König (hat Estrella beobachtet.)
Habt Acht, verehret ihn nicht allzu sehr,
Ihr reizt sonst in der schönen, neuen Freundin,
Die eine alte Freundin Calderons,
Die glüh'ndste Nebenbuhlerin Euch auf.
Marianne.
Nicht fürcht' ich sie, mein gütiger Gemahl!
Weil die Verehrung gleiche Seelen bindet;

Wie fromme Christen, Einen Gott verehrend,
Wie Unterthanen, treu den König ehrend,
Sich stets verwandter fühlen, sich verbinden,
Vereint noch größ'res Heil und Glück zu finden;
So Geister auch, die Einen Dichter lieben,
Von seinem Geist mit gleicher Macht durchdrungen,
Sind stets zu lieben sich selbst angetrieben,
Verehrend ihn, zu ehren sich gezwungen. —
Nicht wahr, Estrella, dies soll uns nicht trennen?
Ihr haßt die nicht, die Euren Freund verehrt?

Estrella.
Ich wünsch' Euch Segen, edle Königin!
Wohl Euch, daß Euer Geist ihn anerkennt! —
(Für sich.) Doch, weh' ihr, wenn der Fuß den Steg berührt,
Der von Verehrung leicht zur Liebe führt! —

König.
Und wo ist denn der Liebling Eures Geistes?

Marianne.
Vor einer Stunde sandt' ich schon nach ihm;
Denn er allein ist's, den ich nicht gesehen,
Und er allein ist's, der sich mir entzieht.
Jetzt scheint's mir Stolz mehr als Bescheidenheit.

König.
Ich hoffe, meinem Ruf soll er nicht trotzen;
Und sehen sollt Ihr gleich den Calderon. —

Sechste Scene.

Calderon. Velasquez
(sind bei den letzten Worten eingetreten, später kommen Juan, Perez aus
der Lege.)

König (indem er sie erblickt.)
Da seht nun, was mein Zauberspruch vermag.

Marianne
(wendet sich rasch um und erblickt Calderon, der Anfangs ihrem Blick begegnet,
dann aber, wie vom Strahl geblendet, den Kopf neigt, und in gebückter Stel-
lung bleibt.)

König (nach einer Pause.)
Nun seht, daß ich ihn wahr und treu geschildert,
Steht er nicht lahm und bucklicht vor Euch da?

Velasquez.
Ja, lahm, mein König, sind wol seine Schwingen,
Denn schwer war es mir, ihn hieher zu bringen;
Und wie ein Pilgrim wallt zum heil'gen Grab,
That nach drei Schritten einen er zurück.
Marianne (zu Calderon.)
Mit Dankes Lippen wollt ich Euch begrüßen,
Erwarten Euch mit meines Geistes Drang;
Doch Vorwurf will statt Dank dem Mund entfließen,
Und beide kämpfen um den ersten Rang. —
Sagt, was hat eine Fremde Euch gethan,
Daß Ihr mit stolzem Trotze sie bestraft?
Ihr haßt mich wol, noch eh' Ihr mich gesehen.
Calderon.
Euch hassen? meine hohe Königin!
Das hieße wol das Licht der Sonne schmähen;
Doch hatt' ich schon die Wonne Euch zu sehen:
Wer sieht das Morgenroth und kann es hassen?
Wer möcht' den Purpursaum zum Kuß nicht fassen?
Marianne (zum König.)
Nun „rauh und gottlos" ist er eben nicht;
Und auch das „häßlich" ist wol übertrieben; —
(zu Calderon) Wir sind tyrannisch, fordern streng're Pflicht,
Als daß Ihr uns nicht haßt; die Satzung spricht:
„Ihr sollt stets Eure Königin auch lieben!"
Calderon
(knieend, indem er die dargereichte Hand der Königin küßt.)
Ja, Königin, man muß Euch wirklich lieben!
Marianne.
Steht auf, erhebt vom Staub Euch, Calderon!
Den Staub nicht küssen soll das Knie des Mannes,
An dessen Stirne Himmelsblumen sprießen,
Die ihm die Muse flicht um's Haupt zur Krone.
Calderon.
Erhab'ne Königin! Euer Gnadenstrahl
Schmilzt meines kalten Busens sprödes Wachs
Zum honigsüßen Danke, und darum
Pocht laut mein Herz, ist auch die Lippe stumm.
Marianne.
Nun, wenn selbst Calderon nicht Sprache findet,

In reiche Worte sein Gefühl zu kleiden,
Wie arm an Worten müssen wir dann sein?
Drum wollen wir den Dank für Himmelsfreuden
In unsrer Brust zur Saat gedeihen lassen;
Von Dankes Gluth ist doch das Wort nur Schein.
(Zum König.) Erlaubt, mein güt'ger König und Gemahl,
Den Calderon noch heute zu erfreu'n;
Und überlaßt Ihr mir des Dankes Wahl?
König.
Die Königin des Festes seid Ihr heute,
Die Herrscherin in meinem Herzen immer;
Drum übt nach Lust, als einz'ge Herrscherin,
Was Euch beliebt, und was nach Eurem Sinn.
Marianne.
Ich hoff' und wünsche von Euch, Calderon!
Daß heute Ihr dem Ball Euch nicht entzieh't. —
Ihr, Don Velasquez, seid ein starker Mann,
Sorgt uns dafür, daß er uns nicht entflieht.
Velasquez.
Ich will sein Bild in meine Rahmen fassen.
(Zeigt seine Arme.)
Calderon.
Erhab'ne Herrin, Eures Wunsches Kraft
Ist mächt'ger als des Freundes starke Arme.
König.
Nun laßt uns noch den Schluß des Schauspiels sehen.
Marianne.
Und Ihr auch, Calderon, müßt mit uns gehen;
Denn unser Volk, das Euer Publikum,
Soll bei dem König auch den Liebling sehen;
Und unser Stolz ist, neben Euch zu stehen.
(Mit dem König und Calderon in die Mittelloge ab. Velasquez geht in die rechte, Perez und Juan in die linke Seitenloge ab.)

Siebente Scene.
(Estrella bleibt allein zurück).
Estrella.
Da steh' ich ganz allein, und kann nicht folgen,
Um den Triumph zu sehen, den er feiert:

Die Füße sind im Boden eingedrückt
Vom heißen Blei, das, statt des leichten Blut's,
Aus meinem sonst so frohen Herzen fließt.
Da steh ich so allein; kein Auge sieht,
Ob auch Estrella's Aug' von Beifall glänzt;
Kein Auge sucht nach mir, auch seines nicht,
Das sonst für mich nur hatte all' sein Licht.
Sein Blick, der nur der Sonne zugewendet,
Von deren Glanz sein Augenstern geblendet,
Sieht nichts um sich, winkt nicht dem Morgensterne,
Der ihm voll Liebe funkelt aus der Ferne;
Ach, bei der Morgenröthe seines Glückes
Ist meiner Hoffnung Dämmerlicht verblichen,
Und Ruh' und Frieden sind von mir gewichen;
Drum will ich jetzt um Ruh' und Frieden beten!

(Die Hände faltend.)

Ich kann nicht beten: — ich vergaß das Beten;
Denn gestern hab' zu beten ich vergessen:
Den ganzen Tag, die ganze lange Nacht,
Hab' ich in Träumen nur an ihn gedacht;
Drum ist mein guter Engel mir entwichen. —
O Gnadenmutter! lehr' mich wieder beten,
Daß ich, erlöst von bangen Herzensnöthen,
Vor Deinem holden Bild den Frieden finde. —
Ich kann nicht beten; hier ist, ach! so schwül,
Daß jed' Gebet erstickt im Gluthgefühl,
Und Spannung hat die Fibern meines Lebens
Zu zarten Spinnenfäden ausgedehnt; —
Ich fühl's, sie reißen bald: ich werde sterben.

(sinkt in einen Sessel.)

Dann bin ich frei von allen Herzensnöthen;
Dann wird auch er für meinen Frieden beten (entschlaft.)

Achte Scene.

Perez (schleicht aus der Loge.) Vorige.

Perez.

Estrella sah' ich in der Loge nicht. —
Da ist sie — und wie leichenblaß sie ist!

Vielleicht ist ihr nicht wohl; ich muß sie wecken. —
Estrella, liebe Schwester, wache auf!
Estrella.
Ha! — ach, ich glaubte schon, daß er mich weckte. —
Geh' lösch die Lichter; ich will wieder schlafen.
Perez.
Blick' nur um Dich; Du bist ja nicht zu Haus.
(Lachend) Mir scheint, Estrella! Du bist, wonnetrunken
Vom Nektar seiner Verse, hingesunken
Und schläfst den Rausch nun der Begeist'rung aus.
Estrella.
Du liebst mich nicht; Du siehst nicht, daß ich sterbe.
Perez.
Verhüte Gott, daß Deinen Rausch ich erbe;
Da wollt' ich lieber, daß ich mit Dir sterbe.
Estrella.
Ich bitte Dich; mir ist nicht wohl, mein Bruder!
Geh', führ' mich auf mein Zimmer: ich will schlafen.
Perez (sie betrachtend)
Sie scheint im Ernste krank. Wart, Calderon!
Daß Du den Schatz verlierest, sei Dein Lohn.

Neunte Scene.

Don Juan (wird von Perez aus der Loge gerufen.)
Perez.
Geleitet meine Schwester auf ihr Zimmer.
Seht, sie ist blaß; es muß sie etwas schmerzen;
Drum tröstet sie mit seufzendem Gewimmer;
Denn Nichts erleichtert schneller kranke Seelen,
Als wenn Mitleiden sich mit ihren Leiden,
Und Seufzer mit den Seufzern sich vermählen;
Drum zieht und drückt des Mitleid's Himmelstöne
Vom Orgelblasbalg Eurer starken Lunge;
Ich gebe Euch mein Wort: sie wird Euch danken. —
Und Dank ist zwar ein kleines, winz'ges Wort,
Macht doch den größten Schritt zur Herzenspfort';
Und Mitleid, zwar ein kleiner, winz'ger Junge,
Bringt durch die Pforte Euch mit Einem Sprunge.

Drum seid so klug, als sanft und feingerieben:
Ihr werdet sehen, sie wird Euch noch lieben.
Estrella! liebe Schwester! — Sch ö n e Schwester!
(Zu Juan)
Seht, liegt ein Weib auch in des Grabes Schlummer,
Sagt „sch ö n e" blos, und sie erwacht vom Kummer. —
(Zu Estrella)
Willst Du denn wirklich nichts mehr seh'n vom Schauspiel?

Estrella (seufzend)
Ich hab' genug gesehen und gehört.

Perez.
Nun sieh, Estrella! um Dich zu geleiten,
Verzichtet Don Juan auf's neue Schauspiel;
Denn ich darf jetzt von hier mich kaum entfernen. —
Freund! bleibt bei ihr, ich löse bald Euch ab.

Estrella (indem sie von Don Juan weggeführt wird)
Ihr seid ein beff'rer Bruder, Don Juan!
Ich lob' Euch drum; Ihr seid ein guter Mann.
(Beide ab.)

Zehnte Scene.

Perez (allein.)
Geh' hin, Du früh erblaßtes Himmelsröschen;
Im engen Treibhaus kluger Brudersorge
Sollst Du zur Seite Don Juans erblühen;
Ich will Dich pflegen dort mit meinem Witze,
Entziehen Dich dem kriechenden Ranunkel,
Der Deines Bodens Säfte schlau entzieht,
Wo seine eitle Kraft noch bunter blüht.
Wart', Calderon! der falsche scharfe West
Aus Deinem Mund soll nie dies Röschen küssen;
Eh' soll ein and'res Treibhaus, eng und fest,
Auf ewig sie vor Deinem Kuß verschließen.
(Man hört viele Stimmen mit Beifall rufen)
Bravo! Es lebe Calderon! Bravo!
(Während dem treten aus den Logen Folgende:)

Eilfte Scene.

König. Marianne. Calderon. Olivarez. Velasquez und Damen.

Marianne.
Welch Schauspiel! Doch Sennor, wo ist Estrella?

Perez.
Sie ging auf's Zimmer wegen Nasenbluten:
Das Schauspiel hat ihr heute warm gemacht.
Ich, freilich, bin ein Mann, mich ließ es kalt.

Marianne.
So dank' ich Gott, daß ich ein Weib geboren;
Mir ward es nicht nur warm, ich ward entzückt. —
(Zu Calderon.)
Es bleibt dabei, daß heut' den Ball Ihr schmückt.

König. (Im Abgehen zu Olivarez.)
Ihr könnt es füglich ihm noch heute sagen. (Alle ab.)

Zwölfte Scene.

Calderon und Velasquez (bleiben.)

Velasquez.
Warum verfolgst Du sie mit Blicken noch,
Wie Einer, der um ein Almosen fleht,
Nachdem Dein nimmersattes Herz mit Ruhm
Ward vollgestopft von Spaniens schönstem Weib?

Calderon.
„Von Spaniens schönstem Weib?" O, sag doch nur:
Vom schönsten Engel reiner Himmelsflur,
Und Engel selbst, stolz auf Dein Lobgedicht,
Verleihen dankbar Dir des Himmels Licht.
Ihr Aug', so blau wie der Azur des Himmels,
Woraus der anmuthsvolle Blick der Sonne
In's dunkle Herz uns gießt die heil'ge Wonne,
Ist ein Krystall, des Nordens Licht entflossen,
Und ihre Stirne, wo Dianens Mond
Voll Majestät auf Schneegebirgen thront,
Vom Wolkenheer des Südens schwarz umflossen,
Ist ein Krystallpallast, wo Zauber wohnt,
Wo Wunder Nord's und Süd's in Eins geflossen.

Velasquez.
Nun sieh, jetzt sprichst Du anders als zuvor,
Weil Dir die Königin mit süßem Munde
Den Lobesbalsam sanft geflößt in's Ohr,
Zu lindern eitle Schmerzen eitler Wunde.
Calderon.
Verkennst Du wieder mich? Ich schwöre Dir —
Velasquez.
Ei, schwör' nicht; jeder Mensch hat Eitelkeit.
Seh' mich; Du weißt, wie wenig ich's beachte,
Wenn unser König meine Bilder lobt;
Denn er versteht davon, führwahr, so wenig,
Wie ich von seinen Versen, die ich lobte;
Doch mag der König mit den Künsten prahlen,
Mag er nur auch den Künstler gut bezahlen!
Doch sieh', mein Schuster, der ist Dir ein Mann;
Der bracht' einst meine Schuhe, als ich malte
„Den Wasserträger." Nun, Du kennst das Bild,
Das unter allen bestens Dir gefällt,
Das meinen Namen, wie Du mir geschmeichelt,
Einst tragen soll zum späten Aug' der Welt; —
Der Kerl doch tadelt mir am Schuh herum,
Beweis't so gründlich mir, daß er zu krumm,
Daß ich, froh überzeugt, zu seinen Füßen
Hinsinken wollte, seinen Schuh zu küssen.
Den Fehler hob' ich bald, und bald kam wieder
Mein Meister, mir zujauchzend diese Worte:
„Der Schuh sitzt, Herr, als hätt' ich ihn gemacht!"
Da hatt' ich ihn umarmt, und toll gelacht: —
Siehst Du, so hat ein Jeder Eitelkeit.
Calderon.
Sprich nicht von Eitelkeit, Du folterst mich;
Ich hielt es anfangs auch dafür; doch jetzt,
Da ihrer Lippen Honig mich geletzt,
Jetzt fühl' ich's klar — es ist — —
Velasquez.
Nun, nun! was ist's? —
Zum Henker, was kann es denn anders sein?

Calderon.

So hör'! Du bist mein Freund, Dir darf ich trauen;
Denn von der Brust muß ich die Gluthen wälzen,
Die mir das Hirn, die mir das Mark zerschmelzen.

Achte Scene.

Olivarez. Perez. (Treten schnell auf.)
Calderon.

So hör'! —

Olivarez.

Sennor! gut daß ich Euch noch finde:
Ich hab' mit Euch noch vor dem Ball zu sprechen.

Calderon (zu Velasquez.)

Auf Augenblicke nur verlaß mich, Freund. (Velasquez ab.)

Olivarez.

Der König, günstig Eurem heißen Wunsche,
Versendet Euch nach Catalonien;
Ich wünsch' Euch Glück, Sennor! zu dieser Gnade
Und Glück zur schnellen Gunst der Königin.

Calderon.

Ihr überrascht mich mit des Königs Gnade,
Wie auch mit Eurer Gunst, mir Glück zu wünschen.

Olivarez.

Befremdet Euch, daß ich nun Glück Euch wünsche?
Mich dünkt, ich war Euch niemals doch entgegen;
Und war ich's auch, so war ich's nur im Amte:
Ich liebt' Euch stets. — Gebt mir Gelegenheit
Euch zu erweisen einen Liebesdienst —
Besteht mich wol nur: einen Liebesdienst;
Ihr sollt dann sehen, ob ich Euch geneigt.

Calderon (rasch.)

Wie, Ihr wollt mir den Liebesdienst erweisen?

Olivarez.

Nun ja doch. Sprecht nur g'rad heraus zu mir,
Und offenherzig wie zu Eurem Vater.
Ich weiß, Ihr liebt sie; sie auch liebt Euch wol.
Und liebt Ihr sie, so bleibet lieber hier
Im süßen Frieden, fern vom herben Kampfe,
Und Perez geht für Euch nach Catalonien.

Calderon (heimlich.)
Ich bin verrathen, ha! er legt mir Schlingen.
(laut.) Ihr irrt, Sennor! sie liebt mich nicht; Ihr irrt.
Olivarez.
O, o! Ich bin ein alter Praktikus;
Ihr meint, daß meine Augen auf Geschäfte,
Doch nicht auf Liebesblicke sich versteh'n. —
Die Augen einer Liebenden sind offen,
Wie Lettern eines Liebesbriefs zu lesen.
Calderon.
Doch, ich verehre sie, wie eine Kön'gin.
Olivarez.
Nun, von Verehrung bis zum Liebes-Schwung
Braucht man nicht mehr, als einen leichten Sprung. —
Was zagt Ihr noch? — Sprecht g'rad heraus zu mir;
Ich sagt' Euch ja, ich bin Euch nicht entgegen;
Ich geb' sie Euch — v e r e h r t sie meinetwegen.
Calderon.
Ha! Wen meint Ihr, Sennor?
Olivarez.
             Wen sollt' ich meinen?
Estrella, die mir lieb wie eine Tochter.
Calderon.
Gott Lob und Heil! Jetzt athm' ich wieder frei.
(sinnend.) Estrella?! —
Olivarez (sich die Hände reibend.)
Ja, ja! doch ich dräng' Euch nicht. —
Nun seht ihr klar, daß ich Euch sehr geneigt;
Ich hab zwei Wege Euch so lieb gezeigt,
Den Weg auf Dornen, oder den auf Rosen,
Nach Catalonien, oder den — zum Kosen.
(Im Abgehen.) Nun, diesen Vogel hab ich leicht gefangen. (ab.)
Perez
(hat sich bisher beobachtend mehr rückwärts gehalten.)
(heimlich) Du alter Fuchs, hast Dich nur selbst verfangen—
Da gibt's gar lust'ge Räthsel aufzulösen,
Und Teufelswitz soll die Auflösung machen. —
Hier will ich schlafen, doch mein Ohr soll wachen.
(Schnell in die Wege.)

Vierzehnte Scene.
Velasquez (kommt zurück.) **Calderon.**
Calderon. (Noch immer in Gedanken)
Estrella?!
Velasquez.
Nun, was gibt es, Calderon?
Da stehst Du mit der Armensündermiene.
Und er ging fort mit solchem höll'schen Lächeln,
Wie wenn ein Teufel Christenseelen fängt.
Calderon (halb für sich)
Ich muß bald fort: es ist kein and'rer Ausweg.
Velasquez.
Sprich mit Dir selbst, wenn Du einmal fort bist;
Doch jetzt, so Dir's beliebt, antworte mir:
Was ist Dir? denn ist auch Dein Grund nicht närrisch,
Bist Du's doch wenigstens; nun sag', was giebt's?
Calderon.
Für meines Hirnes Ruhe will ich stehen;
Doch wer kann je dem Herzenswahn entgehen?
(Vor sich hin.) Mein ganzes Leben hab' ich mich erwehrt
Der Liebe, die mich doch so spät bethört.
Je später erste Liebe keimt im Herzen,
Ach, um so stärker wuchern ihre Schmerzen; —
(Zu Velasquez.) Mein Herz ist voll; ich kann Dir's noch nicht sagen.
Velasquez.
Drück aus die Farbenblase deines Kummers:
Dein Herz wird leichter, und ich sag Dir dann,
Ob echt die Farbe, oder ob sie schlecht.
Calderon.
So hör', Velasquez, und verdamme mich:
Ich liebe sie —
Velasquez (einfallend.)
Nun, diese Rosenfarbe
Ist echt, kannst Du damit Dein Lieb mir malen.
Calderon.
Nun denn, so mal' ich Dir die Königin.
Velasquez.
He, he! die laß nur mir; die mal' ich selbst. —
Sie soll mir länger noch als And're sitzen
Und meine keusche Phantasie erhitzen.

Calderon.
Velasquez, Du kannst noch leichtsinnig scherzen
Mit einer Schuld, die schwer mir liegt im Herzen? —
Versteh' mich wohl — ich lieb' die Königin.
Velasquez.
Zum Henker! — Lieb sie fort, in Gottesnamen!
Ich lieb' sie auch, wie Du; wer liebt sie nicht?
Ein jeder Spanier liebt die Königin,
Wie jeder wack're Unterthan den König.
Calderon.
Ach, Eure Liebe ist der Pflichten Zierde,
Erfüllend Euch mit Gottes reinem Segen;
Die Triebe doch, die meine Brust bewegen
Zu nie geahnter frevlen Gluthbegierde,
Sind mir zum Fluch, zum Bannstrahl mir geworden:
Ich liebe sie mit aller Macht der Gluth,
Die mir verzehrt das Mark, verdorrt das Blut,
Die mir erhitzt des Wunsches Südenzangen;
Zu fassen sie mit glüh'nder Liebeswuth;
So droht die Hölle mir, wohin ich sehe;
Im Himmel ihrer Augen winkt die Hölle mir,
Der Himmel in der Gluth des Busens hier
Winkt mir zur Lust, droht mir mit ew'gem Wehe:
So kämpft mit Himmelswonnen, Höllenschmerzen,
Der Engel Schaar mit Teufeln mir im Herzen.
Velasquez.
Ja, Calderon, Du bist wahrhaftig krank!
Denn nur ein Toller kann sich so vermessen,
Des Christen heil'ge Pflichten zu vergessen,
Bezahlen Königsgunst mit solchem Dank. —
O, Calderon! Denk' an das Schicksal Tasso's;
Es droht Dir warnend und den Schwärmern allen;
Denn wie gefeiert und geliebt er war,
Er mußt' in Gram, er mußt' in Wahn zerfallen. —
Doch rüttle Dich, und treib aus Dir den Bösen;
Du hast Gewissenskranke schon geheilt;
Und viele Liebeskranke sind genesen
Durch deiner Werke weisen, frommen Sinn;
Nun so wirst Du Dich selbst doch heilen können:
Du brauchst dem Feind von hier nicht zu entfliehen;

Denn ein Heiltränkchen ist Dir wol geblieben
Für deines kranken Herzens tolles Lieben.

Calderon.

Nein, Freund! für meines Busens süße Wuth
Ist ein Heilmittel nur — des Kampfes Gluth;
Drum muß ich fort, ja, fort aus ihrer Nähe.
Wie fern ich stets mich hielt vom Liebeswahn,
So mußt' er doch nach späten Jahren kommen:
Die angeborne Sehnsucht meines Wesens
Nach einem lieben Weib, nach einem frommen,
Ist angedieh'n zu glüh'nden Bergeshöhen
Von lang verhalt'nem Funkenkeim der Liebe,
Nun mit der sprüh'nden Lava des Vesuvs
Aus meines Busens Krater losgebrochen;
Drum muß ich fliehen zu geweihten Pflichten,
Soll ich nicht Alles rings um mich vernichten.

Velasquez (ihn umarmend.)

So zieh' hinaus denn; mag Dich Gott erlösen!
Und kehre heim, sobald Dein Herz genesen.

Calderon.

So lebt denn wohl, Ihr Hallen meines Ruhmes,
Wo, unter glatter Wände Beifallsdonner,
Mir durch das durst'ge Ohr ins öde Herz
Geträufelt reiner Augen Thränenregen,
Und mir zum Frieden noch gehäuft den Segen;
Ein and'rer Donner, drohend meinem Herzen,
Wird Eurem Ohr bald künden meine Schmerzen. (Ab.)

Fünfzehnte Scene.

Perez (schleicht hervor.)

Perez.

So leb' jetzt wohl! denn hoch sollst Du bald leben:
Ich will mich für dein Seelenheil bestreben. —
Bei meines scharfen Witzes langen Krallen!
Der Bursche fängt nun an mir zu gefallen;
Die Königin? Der Dichter hat Geschmack.

Ei! d'rum will er Estrellen sich entziehen?
Nein, lecker Versehelb, mit Sack und Pack
Sollst Du den Beiden nicht so leicht entfliehen.
Dem König schnell den Fund ins Ohr gesetzt;
Da mag den Floh er suchen voller Bangen.
Und fängt er ihn — so hat er ihn gefangen (schnell ab.)

Sechzehnte Scene.

Olivarez, Estrella

(im Maskenkleid kommen zurück aus dem Nebenzimmer.)

Olivarez.

Nun, ja — er war entzückt, und rief erfreut:
„**Gott Lob und Heil, ich athme wieder frei!**"
Der König wünscht es auch; und ich, Du weißt,
Hab' keinen andern Wunsch, als nur Dein Glück. —
Doch nun, was sagt Estrella?

Estrella.
                        Mein Geschick,
Wie auch mein Wunsch sind Kinder Eures Willens.

Olivarez.
Doch zeig' die Kinder **Deines** Willens mir.

Estrella (rasch.)
So wißt — ich — ich — verehre Calderon.

Olivarez.
„Wie eine Königin verehrt er sie;
Und sie verehrt auch ihn; und stets Verehrung;
Man nennet jetzt Verehrung wol, was einst,
In meiner Jugend, Liebe man genannt;
Obwol man damals nicht Verehrung hieß,
Was jetzt man Lieben nennt. — Ei, ei, Estrella!
Ich hielt Dich offenherzig, und ich glaubte,
Daß Du den Mann wie einen Vater liebtest,
Der einen Vater Dir an Lieb und Sorgen
Ersetzte. Ja, ich glaubte gar, Du werdest,
Mir dankend, wie ein Kind, mit frohem Lallen
Die Liebe stammelnd, um den Hals mir fallen.

Estrella.

Ja, ja, ich liebe ihn, mein lieber Vater!
Und Vater nenn' ich heute Euch vom Herzen;
Habt auch das Leben Ihr mir nicht gegeben,
Mit seiner Liebe gebt Ihr mir das Leben (fällt ihm um den Hals.)

Perez.
(ist bei den letzten Worten eingetreten, für sich.)

Du arme Schwester, und Du — armer Vater!
O blinde Taube, und o — blinder Kater!
(zu Estrella) Der Ball hat aus dem Schlummer Dich geweckt:
Du bist verkleidet, doch wo ist die Larve?
Schnell hole sie, ich kann nicht lange warten. (Estrella ab.)
Euch Vater! muß ich Wichtiges entdecken,
Daß Ihr erbeben sollt vor frohem Schrecken;
Doch sagt des Königs Maske mir.

Olivarez.
Ich darf nicht.

Perez.
Kommt nur; ich öffne Euch schon Ohr und Mund;
Doch meine Maske mit den hundert Augen
Soll auszuspäh'n des König's Maske taugen. (Beide ab.)

Hell erleuchteter Saal.

(Masken schwärmen im Hintergrund umher. Calderon und Velasquez, als
Kreuzritter gekleidet, treten von der Seite rechts auf. Musik in der Scene.)

Siebzehnte Scene.

Velasquez. Calderon.

Velasquez.

Sei ruhig, gieb Dich nur der Freude hin,
Und nimm Dir mit vom Feste leichten Sinn;
Denn für Estrella's Ruh' will ich schon sorgen:
Ich will die Blässe ihrer Liebeswangen
Mit Morgenroth des Trostes frisch bemalen.
Doch, Freund, von Schuld bist Du so ganz nicht frei;
Du gabst ihr Hoffnung wol, und Dir den Schein.

Calderon.
Gott weiß, ob ich von dieser Schuld bin rein;
Ich ahnte nie die Liebe ihres Herzens,
Ich nährte nie die Triebe ihrer Brust;
Nur wie ein milder Vater liebt' ich sie,
Denn ihres hellen Geistes munt'rer Witz
Und ihres reinen Wesens klarer Sinn
Zog freundlich mich zur jungen Freundin hin,
Nahm von Verehrung nur beim Freund Besitz.

Velasquez.
Es ist ein alter, span'scher, weiser Satz:
„Dem Liebesgott macht selbst Verehrung Platz";
Und zwischen zartem Weib und kräft'gen Mann
Die Freundschaft täuschend nur bestehen kann.

(Mengen sich in's Gewühl.)

König und **Olivarez** (als Pilgrime, kommen von der linken Seite.)

Perez als Argus.

König.
Ist es auch wahr? Hat man's auch recht gehört?
Nennt mir den Mann, der Euch so leicht bethört!

Olivarez.
Es ist so wahr, als hätt' ich's selbst gehört,
Nur zeigen wollt' ich Euch, mein weiser König,
Die Gluth, eh' sie zur Feuersbrunst gestiegen.

König.
Geht, geht! Ein Horcher hört doch niemals klar,
Weil stets verkehrt der Sprecher vor ihm steht;
Und hört er klar, spricht er doch niemals wahr,
Weil böser Leumund stets das Wort verdreht. —
Wer weiß, wer seines Herzens Kön'gin ist?!

(Indem er sich umwenden will, erblickt er den herdwenden Argus.)

Da habt Ihr einen Horcher zum Beweis;
Fragt ihn, ob unf'rer Worte Sinn er weiß.
(Zu Perez.) Nun, Bursch, was hörtest Du mit hundert Augen?

Perez.
Daß gar zu lange Ohren wenig taugen.

König.
Der Bursch hat Witz. — Was meinst Du wol damit?

Perez.
Daß, wer dem Freund ein schönes Weib vertraut,
Hat Freundschaft blos auf lock'ren Grund gebaut.

König.
Der Bursche hat gehorcht! — So spreche klar.

Perez.
Stets seh' ich klar und spreche immer wahr;
Und willst auch Du so klar das Wahre sehen,
Bequeme Dich nur stets mit mir zu gehen.

König.
Doch wenn Du lügst, dann soll der Henker Dir
Die achtundneunzig Augen schnell zudrücken,
Um mit den letzten zweien zu erblicken
Dein Ordensband auf dem dreibein'gen Thier.

Perez.
Auch die zwei Augen werd ich dann zudrücken;
Und tief vor diesem Ordensband mich bücken.

(Eine männliche verkleidete Maske tritt Perez in den Weg und betrachtet dessen Verkleidung.)

Du siehst wol Alles und von allen Seiten?

Perez.
Ach, meine hundert Augen sind voll Trotz
Und sehen gar Nichts, steht vor mir ein Klotz.

(Eine weibliche Maske hält ihn von der andern Seite auf.)

Sind Deine Augen lauter Menschenaugen?

Perez.
Nein, auch ein Falkenauge schläft darunter;
Wenn wilde Gänse schnattern, wird es munter.

(Sie mengen sich unter die übrigen Masken.)

(**Marianne** als Fee, tritt mit **Calderon** heran.)

Marianne.
Was that ich Dir, daß Du Dich mir entziehst?
Es ist mein Zauberstab wol, den Du fliehst.

Calderon.
Nein, nicht Dein Stab, doch Deines Zaubers Macht
Ist's, die ich flieh', zu ziehen in die Schlacht.

Marianne.
Warum willst Du der Zaubermacht entfliehen,
Die nur den schönsten Kreis um Dich will ziehen?

Calderon.
Weil mir Dein Kreis das fromme Herz umschnürt,
Durch Zaubergluth zur Sündenglut geschürt;
Drum muß ich Deines Zaubers Himmel lassen,
Aus Deinem schönen Kreis zur Sühnung fliehen,
Soll nicht des Bösen wildes Heer mich fassen,
Und mich zum Höllenpfuhl hinunterziehen.

Marianne.
Ei, frommer Ritter, schein' ich Dir nicht ehrlich?
Und hältst Du mich für böse und gefährlich?

Calderon.
Nein, böse nicht, und doch allzu gefährlich!

Marianne.
Du willst nur, frommer Ritter, mich nicht kennen;
Doch sollst Du gleich mich gut und dankbar nennen;
Denn geben will ich Dir ein Zauberband,
Gesponnen und gewebt von Elfenhänden,
Gestickt von einer Kön'gin eig'ner Hand,
Geweihet von Verehrung, Dir zu spenden.

(Löst von sich eine Schärpe ab.)

Calderon.
Wie dicht verschleiert auch, erkenn' ich Euch,
Erkenn' ich Dich als Göttin dieser Erden;
An Geist, an Herz, so mild, so segenreich,
Ein Schutzgeist dieses Reiches bald zu werden;
Nur mir bist Du, mit holden Engelsmienen
Zum Heile nicht, zum Frieden nicht erschienen.

Marianne.
Wie, Calderon, stimmt Euer Scherz mich weich;
Denn Euer Spiel sieht einem Ernste gleich.

Calderon.
Es ist mein letztes ernstes, traurig' Spiel,
Entstiegen aus des Sinnes wilden Kämpfen;
Drum muß ich fort, im brausenden Gewühl
Des Kampfes bald den innern Sturm zu dämpfen:
Dort wird im heil'gen Streit mir Heil beschieden,
Verblutend meinen Schmerz, mir wieder Frieden.

Marianne.
Was ist Euch, Calderon? Ihr dürft nicht fort!

Calderon.

Fort muß ich, fort von hier! Nur noch einmal,
Nur Einmal gießt mir noch den Veilchenstrahl
Ins Herz aus Eures Auges Himmelsblume,
Zu stärken mich zum Heile und zum Ruhme;
Noch Einmal laßt vor Euch mich niedersinken,
Den Abschiedstrunk vom Schneepokal zu trinken.
(Sinkt auf's Knie und küßt ihr die Hand.)

Marianne.

Ihr dürft nicht fort, mein frommer Rittersmann!
Versucht erst, ob man Euch nicht helfen kann.
Begehrt nur frei; vielleicht wird Euch gewährt,
Was Euer liebend Herz nur fromm begehrt.
Denn Euer Leben ist uns viel zu theuer,
Und Eu're Kräfte sind zu hoch geweiht,
Um zu versprühen sie im Kriegesfeuer,
Die glühen sollen für die Ewigkeit.
Mein Zauberband soll fesseln Eure Schwingen.
(Bindet ihm die Schärpe um.)

Calderon.

Umsonst ist all mein Kämpfen, all mein Ringen,
Ja, mag ich selbst die Hölle offen sehen —
(Zu ihr.) Ja, ich will —

König (aus dem Haufen hervortretend.)

Gleich nach Catalonien gehen!

Der Vorhang fällt.

Anmerkung I. Die sprechenden Masken tragen spanische Halblarven; die Königin ist bloß verschleiert.

Anmerkung II. Die Pause zwischen dieser und der folgenden Handlung muß etwas länger dauern.

Dritter Akt.

Salon mit offenen Thüren, die zum Garten führen.

Erste Scene.

(Marianne sitzt auf einem Zeyba, neben ihr Estrella mit einer weiblichen Arbeit beschäftigt, Velasquez malt.)

Marianne.
Doch sagt, Sennor, wie lang ich noch muß tragen
Die Fessel Eurer Künstlertyrannei?
Velasquez.
Noch eine kurze Weile, hohe Herrin,
Die Ihr zwar stets nur lange Weile nennt.
Marianne.
Und sollt ich nicht? Seit diesen vierzehn Tagen,
Seit unsrer Feste Schimmer kaum verblichen,
Bezahl' der Freuden Zeche ich mit Leiden,
Muß ich da sitzen wie auf Felsenspitzen:
Gewiß; es wird so lang' Euch Niemand sitzen.
Velasquez.
Denn lange lasse ich sonst Niemand sitzen.
Marianne.
Und warum schleicht denn grad' bei meinem Bild
So träge Eure sonst so flinke Hand?
Ich glaub', sie geht bei mir erst in die Lehre; —
Gilt mir nur, oder (auf Estrella blickend) wem gilt diese Ehre?
Velasquez (fortmalend.)
Nur mir gilt diese Ehre, Königin!
Und zu gerecht ist Euer strenger Vorwurf.
Daß meine flinke Hand von Neuem geht
Auf nie gekannten, hohen Himmelszügen —

Zu Eures Bild's Vollendung in die Lehre;
Denn nie noch malt' ich eine Königin. —
Marianne.
Ei, ist die Majestät Euch hinderlich,
Laßt weg die Königin, und malt nur mich.
Velasquez (wie eben.)
Das kann nicht sein; denn b e i d e muß ich malen,
Daß sie die Kunst mit Ruhm mir doppelt zahlen;
(mit Begeisterung das Bild betrachtend.)
Das schönste Weib, die schönste Königin
Vereint in Einem Bild mein Künstlersinn,
(es mit Estrella vergleichend.)
Dem Doppeladler gleichen muß dies Bild;
Den einen Kopf gesenkt zur Erde mild,
Von Anmuth und von stillem Reiz umflossen,
(es mit der Königin vergleichend.)
Das andre Haupt von Sonnenglanz umhüllt,
Gen Himmel blickend, kühn und fromm erfüllt,
Der Majestät des Aethers rein entsprossen.
Marianne.
Ei, ei, Sennor! Ihr malt ja wie ein Dichter.
Velasquez.
Und sind die Maler der Natur nicht Dichter,
Wie Dichter der Natur auch Maler sind?
Und hab' ich nicht die Seele ausgetauscht
Mit Spaniens größtem Dichter? Ist's ein Wunder,
Wenn e r drum reich an Bildern ist, und ich
Nicht arm an Dichtungsfarben, Dichterlieben?
(Lachend.) Seht, das ist mir von Calderon geblieben. —
Marianne
(rasch aufstehend.) Sennor, die Wette hab ich nun gewonnen;
Denn Ihr habt Calderon zuerst genannt. —
Drum darf ich jetzt als Preis mein Bild betrachten. —
Velasquez (vertretend.)
Das dürft Ihr wol, Frau Königin, wenn Ihr
Der andern Wette Preis verlieren wollt,
Die Ihr seid eingegangen mit dem König:
Nicht früher als er selbst, das Bild zu schauen,
Und Ruhm ist's, da Ihr Neugier schwer bekriegt,
Wenn Ihr nun, da Ihr dürft, sie doch besiegt. —

Marianne (ihren Platz einnehmend.)
Wer derb Euch nennt, weiß nicht was Schönheit ist;
Die Neugier zähm' ich; nur muß ich gestehen,
Mich doppelt reizt, mein Doppelbild zu sehen;
Doch endet schnell, Sennor! sonst muß ich zweifeln,
Daß Ihr den schönen Trotzkopf wünscht zu malen;
Denn Ihr müßt dann Estrella's Bild beginnen. —
(Zu Estrella.) Nicht wahr, Estrella willigt endlich ein?

Estrella.
Ich kann nicht, meine gute Königin!
Da mir es noch an Kraft und Sinn gebricht. —

Velasquez.
Nie willigt sie; ich weiß es, Königin!
Nicht weil der Ball auf jenem Maskenball
Sie Tage lang beraubt an Kraft und Sinn,
So, daß der Krankenblässe Mondenstrahl
Nur noch vermehret ihrer Reize Zahl;
Nicht weil die Wange nicht mehr roth; denn Röthe
Kann meine Kunst ihr in die Wange treiben;
Nein, nicht aus Eitelkeit, nur mir zum Trotz,
Von mir allein nur läßt sie sich nicht malen. —
Doch will ich Trotz mit Trotz und List bezahlen;
Bei Raphaels Madonna schwör' ich es,
Ich mal sie doch, als wär' sie schon gemalt! (malt fort.)

Marianne.
Sennor, ich merke was, (zu Perez) Don Perez, kommt!

Zweite Scene.

Don Pedro.
(ist früher in der Thür erschienen, in ein Schreiben blickend, als würde er die Andern nicht gewahr.)

Perez.
Was, Königin, befehlt Ihr Eurem Diener?
(blickt wieder in das Schreiben.)

Marianne (auf's Bild deutend.)
Betrachtet dies genau; sagt Eure Meinung.

Perez.
Es ist nichts Gutes, das ich gern verschweige. —

Marianne.
Ich will, Sennor —
Perez (einfallend.)
Wenn durchaus Ihr befehlt,
So muß ich freilich, wenn auch schwer, gehorchen.
Marianne (unterbrechend.)
Nicht Euren Brief und dessen schlimme Meinung;
Davon nachher, wenn Ihr es durchaus wollt; —
Doch über jenes Bild sagt Eure Meinung.
Perez (betrachtet mittlerweile das von Velasquez halb'verdeckte Bild.)
Wie herrlich! Wie erhaben, himmlisch schön!
Man kennt Euch, hat man Euch auch nie geseh'n;
Und dennoch, hat man Euch noch nie erblickt,
Glaubt man nicht, daß ein Weib so sehr geschmückt
Mit Macht des Himmels und mit Pracht der Erden; —
Durch solches Vorbild muß man Künstler werden. —
Velasquez.
Fürwahr, wenn es der ew'ge Spötter lobt,
Dann hat die Kunst den schwersten Sieg erprobt.
Perez.
Ich bitt' Euch, bildet Euch nichts ein, Sennor,
Auf dieses Bild; denn bei dem schönsten Vorbild,
Glaubt, müßt' ich selbst das schönste Bild erschaffen.
Velasquez.
Ei, Tausendkünstler! — Pfuscht Ihr doch in Alles:
Dem Calderon macht Ihr die Verse nach,
Auch mir, Sennor, wollt Ihr den Pinsel rauben?
Perez
Ich hab', Sennor, mit Pinseln nichts gemein.
Velasquez.
Sennor! und ich nichts mit gemeinen Pinseln.
Perez.
Sennor — —
Marianne (schnell.)
Ihr wollt uns ja die Nachricht sagen,
Die Euer Brief so schlimm Euch zugetragen. —
Perez.
Wenn Ihr, durchaus befehlt, Frau Königin,
So meld' ich, was Ihr doch erfahren würdet: —

Ihr wißt, daß unser Heer in Catalonien
Verlust an die Rebellen jüngst erlitt,
Der größte doch — wie hier mein Freund mir schreibt —
Ist Calderons, der auch mit ihnen stritt.

Marianne.
Habt Ihr, Velasquez! keine beff're Nachricht?
Warum verhehlt Ihr uns, was er Euch schreibt?

Velasquez.
Ich schwieg, nicht weil Ihr Schweigen mir befahlt,
Auch Calderon selbst schweigt seit sieben Tagen;
Denn so lang ist's, daß er kein Wort mir schrieb,
Und ängstlich seht Ihr mich drum, Königin! —

Marianne.
Was schreibt man weiter? Hat man keine Spur,
Was drauf mit Calderon sich zugetragen?

Perez (im Briefe lesend.)
„Man glaubt, er hab' sich zu dem Feind geschlagen."

Velasquez (rasch.)
Der Schreiber lügt: — er schlug sich mit dem Feind.

Perez (gedehnt.)
Nun, Euer Schreiber sagte früher wahr;
Doch jetzt sagt meiner: „zu dem Feind geschlagen,"

Velasquez.
Ich sag' nochmals, Sennor, der Schreiber lügt.

Perez.
Sennor!

Marianne (schnell.)
Der König kommt: er wird entscheiden. —

Dritte Scene.
König kommt im Gespräch mit Olivarez. Vorige.

König.
Ich sag' es Euch, Sennor, ich kann nicht glauben:
Ein Engel müßte sonst zur Hölle fahren.

Olivarez.
Ich zweifle selbst, obgleich es möglich ist.

König.
Ich aber sag', daß es unmöglich ist.
Marianne
Was giebt es Neues, Herr?
König.
Nichts von Geschäften;
An Deinem holden Bild, mein theures Weib,
Mich zu ergötzen, bin ich nur gekommen;
Drum frag' nach Dingen nicht, so Dir nicht frommen.
Nun, Don Velasquez, habt Ihr Wort gehalten?
Velasquez.
Vollendet ist's, Ihr könnt damit nun schalten.
König (das Bild betrachtend.)
Ja, ja! Velasquez, Ja! es ist vollendet!
Nun Marianne, wie Du jüngst gesagt,
Daß in Estrella's reinem Seelenstern
Der eig'nen Seele Spiegel Du gefunden,
So seid Ihr hier im Doppelbild verbunden.
Marianne (im Gehen.)
Ha, meine Ahnung trifft also doch ein!
(ist zum Bild getreten, nach einer Pause.)
Sennor, ich sollte zürnen, und muß staunen;
Erstaunen über Eure dreiste Kunst,
Erzürnen über Eure kecken Launen,
Da, täuschend mich, Ihr spielt mit meiner Gunst;
Also weil Ihr Estrellen wolltet malen,
Muß ich mit Langeweil' ihr Bild bezahlen?
Velasquez.
Des Königs Wunsch war, Euch zu überraschen.
Marianne.
Gut, gut, Sennor! Ihr handhabt Euren Pinsel,
Dem Szepter gleich, vor dem die Königin,
Der König selbst gehorsam schweigen muß. —
Estrella, kommt, und seh't, wie schön Ihr seid.
Estrella
(steht auf, und ist im Begriff zu gehen, sinkt wieder auf's Sopha.)
König (bemerkt es und nähert sich ihr.)
Sennora, seid Ihr immer noch so schwach?
Mich dünkt, der Arzt erklärt' Euch völlig wohl;

Ich selbst, obgleich nicht Arzt, ich sehe schon
Wie Frühlingsröschen unter'm Schnee der Wangen,
Mit Lilien kämpfend, Uebermacht erlangen,
Und blühend steigen auf der Wange Thron.
(streichelt ihre Wangen.)
Estrella.
Mich fühl' ich völlig wohl, mein güt'ger König! (Bekommen.)
König.
Nein, völlig wohl, erklär' ich Euch noch nicht;
Denn Euer stilles, sonst so munt'res Wesen
Spricht mit gepreßter, wenn auch holder Stimme,
Ihr schließt in Eures Busens enger Klause
Ein stilles Leiden vor dem Weltgebrause.
Perez (zu Olivarez.)
Seht Ihr, wie zärtlich unser gute König
Mit meiner lieben, sch ö n en Schwester spricht:
Er drückt die Hand ihr, streichelt ihr die Wange;
Sagt, Vater mir, wird Euch dabei nicht bange?
Olivarez.
Was bang e? Er verehrt Estrella nur; —
Dein Argwohn wittert überall das Schlimmste.
Perez.
Ich übe Vorsicht, die Ihr mich gelehrt.
Marianne (zu Velasquez.)
Erlaßt die Schmeicheleien Eurem Pinsel;
Er künde Wahrheit nur, gleich der Natur,
Dann hat er schön selbst Häßlichkeit gemalt.
Nun kommt, Estrella! oder bleibt sie nur
Aus Eitelkeit, neugierig nicht zu scheinen?
König.
Folgt; zürnet nicht der Kön'gin, die Euch liebt. (Geleitet sie.)
Estrella.
Nachdem sie das Bild einen Augenblick betrachtet, küßt sie der Königin die
Hand, und will zu ihren Füßen sinken mit diesen Worten:
Geliebte Königin! —
Marianne (wehrt es.)
Geliebtes Täubchen!
An meinen Busen, nicht zu meinen Füßen. (Umarmen sich.)
König.
Fürwahr, jetzt seht Ihr ganz dem Bilde gleich. —

Don Juan
(ist eingetreten, und giebt dem König ein Schreiben.)
Don Juan.
Dies Schreiben ward um einen Tag verzögert,
Der Bote ward von Räubern überfallen.
Perez (heimlich.)
Da fliegt schon Eine meiner Tauben ein,
Die in des Schneegefieders heil'gem Schein
Die Raben meines schwarzen Plan's verbergen.
König
(nachdem er unruhig gelesen, mit Aufregung.)
Kommt mit hinaus ins Freie, in den Garten,
Wo frische Luft und Speisen unf'rer warten.
Marianne.
Erlaubt die Gunst, mein königlich' Gemal,
Daß ich dem Künstler Trotz mit Trotz bezahl?
König.
Was Ihr ihm zahlt, wird ihm nur Ruhm erkaufen.
(Marianne reicht Velasquez die Hand, der sie in den Garten führt.)
König (zu Estrellen.)
So muß ich wol die Kranke stützend führen. (Alle ab.)
Perez (hält noch Olivarez zurück.)
Hört ihr? der König will Estrella — führen.
Olivarez.
Laß mich mit deinen Possen, weiser Thor!
Perez.
So hört nun eines Thoren weisen Rath;
(Schnell.) Das Schreiben, das der König jetzt erhielt,
Kommt aus dem Felde, kommt von Don Alonzo;
Er meldet ihm, daß Calderon gefangen
Und, wie man spricht, zum Feinde übergangen.
Benütz die Zeit, den Wermuth scharf zu würzen
Und Calderon auf ew'ge Zeit zu stürzen.
Olivarez.
Ist's wahr nur, daß zum Feind er übergangen?
Perez.
Gleichviel ob übergangen, ob gefangen,
Zur Gunst des Königs soll er nie gelangen;
Drum hängt die Lippen an des Königs Ohren,
Das ist der weise Rath von Eurem Thoren.

Olivarez (indem er abgeht.)
Du bist ein ganzer Schuft. (Ab.)

Perez.

Ihr schmeichelt, Vater. —
Da schleicht der alte Fuchs, dem Zähne, Krallen,
Vor vielem Kratzen, Beißen sind entfallen;
Drum ist es Zeit, daß er mit Calderon stürze,
Damit auf Beider Rücken Perez steige,
Und neuen Blitz mit seinem Witz erzeuge. —
Der König liebt Estrella — Hum! kein Zweifel:
Da geht mir ja zur Hand der kleine Teufel!
Ja, ja, der gute König liebt Estrella;
Estrella liebt den Calderon; und dieser
Ist wieder in die Königin verliebt,
Und die — nicht mich — doch nur der König liebt.
So treibt sein Spiel der kleine Teufel, Amor:
Er jagt und hetzt die Blinden in die Runde;
Die bluten Thränen, preisen ihn mit Stöhnen,
Und küssen ihn noch für die süße Wunde.
(laut auflachend.) Ha, ha! Ein tolles, eitles Gaukelspiel
Treibt mit dem Geist das Blindekuh-Gefühl! —
Ja, Liebe nennen sie es, reine Liebe,
Was sie bewegt im Rausch der Sinnentriebe;
Doch lieben sich nur selbst, die And're lieben:
Drum bin ich lieber gleich bei mir geblieben;
Und liebt mich Jemand, hab' ich nichts dagegen;
Doch ich, ich liebe Niemand außer mir;
Und lieb' ich etwas noch, so ist's der Wein;
Nur der ist wahr, und wahrhaft treu und rein.
(will abgehen, erblickt Don Juan.)
Da bringt der Gimpel mir mein Taubenpaar.

Juan.

An Euch, Don Perez! brachte ein Vermummter,
Der scheu und ängstlich Euch gesucht, dies Schreiben.

Perez.

So; diese Hand doch kenn' ich nicht. (öffnend.) Laßt sehen.

Juan.

Doch ich erkannte Calderons Handzüge.

Perez.
Fürwahr, von Calderon ist dieses Schreiben.
So lebt er noch! Doch was will der mit mir? (liest.)
Juan.
(hebt den Zuschluß auf, den Perez, wie von Ungefähr fallen läßt.)
Seht, mich auch würdigt er mit einem Brief. (will öffnen.)
Perez.
Halt! Wie könnt Ihr Euch nehmen, was an mich
Gerichtet, Euch zu geben, wenn ich will?
Juan.
So seht doch nur; er ist an mich gerichtet.
Perez (lesend.)
Ich sehe klar — Verrätherei — Verschwörung!
Auch mich sucht Calderon in's Netz zu fangen.
Mich bittend um Verzeihung — bietend mir
Viel Geld und Ruhm für meinen Rath und Beistand.
(gibt ihm den Brief.)
Da sehet selbst. Doch dies dürft Ihr nicht lesen;
Leicht wird bethört ein thatendurstig Herz,
Wie Eures, das nach Ruhm und Hoheit strebt,
Das für den Kampf und für die Ehre lebt.
Juan
(nachdem er gelesen, auf den versiegelten Zuschluß deutend.)
So öffnet selbst, vielleicht ist's ein Gedicht.
Perez.
Verstellt Euch nur — Rebell, mich täuscht Ihr nicht!
Von meiner treuen Hand geht uneröffnet
Dies Schreiben in des Königs eig'ne Hand.—
Juan.
Don Perez! bleibt doch; wollt Ihr mich verderben?
Zwar kennt der König meine Treue wahrhaft;
Doch was vermag Verdacht und Zufall nicht! —
Denkt, daß ich Euer Bruder werden soll.
Perez.
Und wäret Ihr auch zehnmal schon mein Bruder,
Des Königs Wohl geht über Alles mir.
Juan.
So denk' und fühl' auch ich, mein bester Freund!
Verzieht nur bis —

7*

Perez.
Ja, bis Ihr Euch verzicht.
Juan.
Vertilgt's; nicht wissen will den Inhalt ich;
Verderbt nur mich nicht. — Wenn mich auch der König
Nicht schuldig hält, verlier' ich doch den Posten,
Mit ihm die Ehre; drum vertilgt dies Schreiben,
Und ich verschreib Euch Terrabuena gleich.
Perez.
Hum! Terrabuena? Gut, ich nehm' es an,
Doch als Bestechung nicht, das sag' ich Euch,
Nur weil's nach uns'rer Wette mir gewiß.
Wie Euch gewiß auch meine Schwester ist.
Ich nehm' es an, weil Ihr ein Ehrenmann,
Weil ich an Eurer Treue nimmer zweifle.
Holt die Verschreibung, und Ihr habt dies Schreiben
Mit der Bedingung, und auf Ehrenwort,
Daß niemals Ihr mit Calderon verkehret,
Sollt' er noch leben, und einst wiederkehren,
Und daß Ihr diesen Brief dem König reicht. —
Auf meinem Zimmer dann erwart' ich Euch.
Juan.
Ich eil'; Ihr sollt mit mir zufrieden sein. (Ab.)

Vierte Scene.

Perez (blickt ihm nach.)
Das bin ich schon mit Dir, mein folgsam Kind!
Denn treu bist Du, und dumm noch mehr als treu,
Und blind noch mehr als dumm; denn Treu' ist blind!
Und blinde Treu' wacht hungrig um den Brei,
Nur Blödsinn kann so grobes Netz nicht sehen,
Und nur der Wahnsinn so in's Garn selbst gehen.
Und was macht ihn so blind? Es bebt der Tropf,
Den Posten zu verlieren, nicht den Kopf,
Die Ehre gilt ihm mehr noch als das Leben,
(sachend.) Haha! kann's einen größern Narren geben?
Denn, was ist Ehre? Nicht's als Eitelkeit,
Die Achtung heischt für Selbstgefälligkeit;

Doch Eitelkeit will nur mit Schellen schallen,
Um andern eitlen Narren zu gefallen.
Nur Ehrgeiz macht die Menschen so bethört,
Daß sie sich schinden, wenn man sie nur ehrt,
Drum hat der Kluge stets so leichtes Spiel:
Er nährt für sich des Stolzen Selbstgefühl. —
Zu was denn gäb' es Narren in der Welt,
Als daß der Kluge sie für Narren hält! (Ab.)

Garten. Im Hintergrund ein großes Laubgezelt mit einer reich servirten Tafel.

Fünfte Scene.

(Marianne und Estrella verlassen die Tafel und treten vor, während dem spricht der König zu Velasquez.)

König.
Velasquez, eilt, und bringt mir sich're Kunde:
Das Ohr saugt Wahrheit nur aus Freundes Munde.

(Velasquez ab. König geht mit Olivarez auf und nieder im Hintergrunde.)

Marianne.
Ihr lebt gewiß von Calderons Sonetten,
Denn and're Nahrung stoßt Ihr stets zurück;
Auch, glaub' ich, könnt Ihr von der Luft nicht leben;
Denn kaum daß Ihr ein' mundvoll eingeathmet,
So stoßt Ihr sie von Euch mit Ungestüm,
Als tobt' in Eurer Brust ein Ungethüm.
Doch will dies kleine Ungethüm ich küssen,
Bis es, als Täubchen völlig umgewandelt,
Vertrauensvoll mir in den Busen schlüpft. (küßt sie.)

Estrella.
Erhab'ne Königin!

Marianne.
   Erhab'nes Täubchen!
Ihr mahnt mich jetzt, daß ich als Königin
Von Euch mit Recht Gehorsam fordern kann;
Doch bin ich Freundin Euch, nicht Königin.
Als Freundin selbst bleibt mir ein Edelgut,
Umflossen von der reinsten Silberfluth,

Umkränzt von hoffnungsgrünem Userstrande.
Durchkreuzt von düstereichen Blumenwegen,
Umwölbt von klaren Aethers blauem Bande,
Gefüllt mit Balsamtrost und Glaubenssegen.
Kennt Ihr dies Gut, das reichste der Eilande?
Schiffbrüchigen kömmt's noch am Todesrande
Mit off'nen Trostesarmen süß entgegen,
Hinstrahlend wie ein grüner Stern im Blauen —
Kennt Ihr dies Gut? Dies Eiland heißt — Vertrauen!

Estrella.
Ach! herbe klingt nur mir dies süße Wort.

Marianne.
Legt, wenn auch herbe, des Vertrauens Samen
In der verwandten Freundschaft Busengrund,
Und Euch erwachsen noch zur selben Stund'
Die Blüthenbäume, die bald Früchte tragen,
Umringt von schattenreichen Thränenweiden,
Zu würzen und zu süßen Eure Klagen,
Zu kühlen und zu lindern Eure Leiden.

Estrella.
Ich kann nicht, Königin! Ein inn'rer Zwiespalt
Bewegt die Brust, und lähmt das Wort. — Nicht kann
Ich, was ich darf, und darf nicht, was ich kann.

Marianne.
Wenn Ihr vertrauen mir nicht dürft und könnt,
So kann und darf auch ich nicht mehr Euch drängen;
Denn, wie auch zart des Mitleids Lilienfinger
Mit Trost zur Busenwunde eifrig dringt,
Den Weg nicht kennend, muß er Schmerz erregen;
Doch nur zum Heile wollt' ich Euch bewegen.

Estrella.
O Königin! Ihr habt mich schon bewegt.

Marianne.
Doch nicht bewogen, daß den Stolz Ihr legt.
Seht, ich selbst ward oft stolz und kalt genannt,
Weil ich nicht heucheln kann; doch hat mein Herz
Sich einem reinen Herzen zugewandt,
Fühl ich mit dem verwandten Lust und Schmerz;

Drum kann ich Euch nicht einsam leiden sehen,
Sollt ich mitleidend nicht mit Euch vergehen.

Estrella.
O Engel! — Laßt des Himmels Hand mich küssen.

Marianne (reicht ihr auch die linke Hand zum Kuß.)
An jeder Hand soll Euer Stolz mir büßen;
Da beide Hände sich gelobt die Pflicht,
Das Leben meiner Freundin zu versüßen. —
Denn, wie Velasquez mit der rechten Hand
Des Lebens Farben Eurem Bild verlieh,
Und Flecken mit der linken Hand verlöschte,
Daß sich das Reine mit dem Schönen eine:
So Euren blassen Wangen mit der Rechten
Möcht' ich der Hoffnung Morgenroth verleihen,
Und mit der linken Hand wegstreichen Flecken
Der Leiden, die Euch Mund und Stirne decken,
Damit das Schöne wieder froh erscheine.

Estrella.
O Engel! Ich vertraue Dir mein Leben;
Doch kann ich nicht die Brust zu Dir erheben.
(sinkt ihr zu Füßen.)

Marianne.
So muß mein Busen Dir die Stütze bringen, (erhebt sie.)
Und Deine Brust an meinen Busen legend, (thut es.)
Vertrauungsvoll Vertrauen mir erringen.
(hält sie im Arme, nach einer Pause.)
Du liebst! — Warum erschrickst Du? — Das Erbleichen
Der blassen Wange ist ein reines Zeichen
Der Lilien von der Unschuld Deiner Triebe; —
Du liebst den Calderon! — Ha, wie die Wangen
Von Scham verklärt, im ros'gen Lichte prangen,
Wie Rosen Zeichen sind der wahren Liebe:
Du liebst den Calderon!

Estrella (verwirrt.)
         Ich? — Calderon?
Marianne.
Ja, Calderon nur, oder nur ein König
Kann so Estrella's großes Herz erfüllen;

Wie, oder willst Du beide gar bezwingen,
Da muß ich ja um Beide mit Dir ringen.
(faßt sie tändelnd an.)
König (hervortretend.)
Was treibt Ihr, Königin, mit Eurem Täubchen?
Estrella (für sich.)
Ha, sie verrieth sich selbst; ach! ich versinke. —
Marianne.
Ich will der Ketzerin den Glauben lehren,
Daß sie den lieben kann, den wir verehren.
König.
Meint Ihr den Calderon?
Marianne.
Wie steht's mit ihm?
Besänftigt unser Bangen, mein Gemahl!
König.
Verschieden lauten über ihn die Sagen:
Don Mendez schreibt, man halte ihn für todt,
Und Don Alvarez schreibt, er sei gefangen;
Doch Beide melden, daß mit blinder Wuth
Und tollkühn Calderon zu weit gegangen:
Nur Don Alonzo hat zu melden Muth,
Daß er zu den Rebellen übergangen. —
(Calderon in Kriegertracht, Velasquez und Don Juan sind bei den letzten Worten im Hintergrunde aufgetreten.)
Marianne.
Alonzo täuscht Euch, oder täuscht sich selbst:
Gefangen oder todt ist Calderon!
Nein, todt nicht, Calderon kann so nicht sterben;
Denn Spaniens Schutzgeist läßt so nicht verderben
Den größten Geist, den Könige verehren.
Er ist gefangen, und muß wiederkehren!
Doch nimmer werden Cald'ron's Neider sehen,
Ihn zu des Freundes Feinden übergehen.
König.
Ich zweifle, Marianne; denn mein Herz,
Von äußern Stürmen Jahre lang geplagt,
Von diesem innern Sturm noch mehr zernagt,
Verkündet ahnungsvoll mir nahen Schmerz;

Und dieser Schmerz ist Calderon's Verlust.
Und frei gesteh' ich: ist er nicht gefangen,
So wünsch' ich ihn nicht todt, doch übergangen:
Verlor' ich auch den Freund, den ich erkoren,
Ist doch sein Geist für Spanien nicht verloren!
(Don Juan ist zum König getreten und während er mit ihm spricht, sagt:)

Marianne (zu Estrella.)
Ihr werdet sehen, daß er wiederkehrt.

König (sich schnell umwendend.)
Wie, Calderon?!

Marianne
(wendet sich gleichfalls schnell um, dann schließt sie Estrella in die Arme.)

Estrella (schließt die Königin in die Arme.)
Er lebt!

Calderon.
(ist mit heftiger Bewegung zu des Königs Füßen gesunken.)
Mein güt'ger König!

Olivarez (nach einer Pause.)
Don Calderon, Ihr habt den gnäd'gen König
Mit launenhaftem Leichtsinn sehr betrübt.

Calderon (sich stolz erhebend.)
That ich's, dann werd' ich gern um Gnade flehen,
Dem König, doch sonst Niemand Rede stehen.
Denn keinen andern Herrn hat Calderon,
Nach seinem Gott, als seinen guten König.

Olivarez.
Man hört's, daß mit Rebellen Ihr gelebt,
Da Euren Herrn Ihr auch in mir verleugnet.

Calderon.
Ihr seid, Sennor! wie ich, des Königs Diener,
Drum ebenso mein Herr, wie ich Rebell.

König.
Don Calderon! genug hab' ich gehört,
Um Euren Sinn und Euer Herz zu prüfen;
Ob Euer Sinn von stolzem Wahn bethört,
Dem Sinn entspricht, der spricht aus diesen Briefen;
Ob Euer Herz sich so mit Trotz bewehrt,
Daß es sich gegen seinen Herrn empört.

Calderon.

Mein Herr und König —

König.

Schweigt, und hört den König.
Ihr war't mein Freund; als solcher hattet Ihr
Nur Einen König und sonst keinen Herrn;
Doch jetzt, da Ihr dem Staate Euch geweiht,
Ward er auch Euer Herr, der Euch gebeut;
Und so habt Ihr in meinem ersten Diener
Beleidigt Euren ersten Herrn nach mir;
Dies wär' verzeihlich, denn (Olivarez anblickend,) Ihr war't gereizt;
Doch mich, ja mich selbst habt Ihr schwer beleidigt,
Der stets Euch nur wie einen Freund gehalten;
Denn kaum habt Ihr die Sendung schnell erfüllt,
Die ich nach Eurem Wunsch Euch zugetheilt,
Seid Ihr statt heimzukehren, um nach Frankreich
Die lang erwünschte Sendung zu empfangen,
So seid Ihr eigensinnig und mit Wuth
Euch spornend in den schwersten Kampf geeilt,
Und ohne meinen Willen jetzt gekommen.
Ob nun mit Hochmuth, ob mit hohem Muth
Ihr eigenmächtig das Panier des Friedens
Mit blut'gen Kriegesbannern umgetauscht;
Das hat den Argwohn gegen Euch gerichtet,
Ob Ihr von Ruhmsucht, ob von Trotz berauscht,
Vom Feind gefangen oder hingeflüchtet.
So habt Ihr Zweifel Zweifeln aufgeschichtet,
Die Euren Werth zweideutig uns gezeigt.
Der Freund muß weichen jetzt, wo Richter stehen,
Denn ein Gericht soll Euren Werth bewähren.

Marianne.

Ihr könnt, o Herr, sein Herz rein vor Euch sehen,
Wollt Ihr den Rücken der Verleumdung kehren.

König.

Laßt, Königin, den König nur gewähren,
Gerecht sollt Ihr mich ihn behandeln sehen.—
Velasquez, Euch vertrau' ich den Gefang'nen.
Auf Eurem Zimmer bleibe er allein,
Bis seiner Ehre Bild von Flecken rein.

Calderon.
Nicht seh' ich Flecken, seh' ich gleich die Sonne,
Und wie ich auch gefehlt, was ich verbrochen,
Ich fühl' die Seligkeit, ich fühl' die Wonne,
Mein guter Engel hat mich freigesprochen. (ab mit Velasquez.)
Marianne.
Mein König, hört —
König.
Hievon nichts weiter mehr.
Ihr wißt nicht, was es meinem Herzen kostet,
Des Beispiels wegen, Strenge hier zu üben;
Ja, müßt' ich Alle, mich und Euch betrüben,
Gerechtigkeit und Ordnung sei auf Erden,
Gereinigt soll er, nicht begnadigt werden!
Olivarez (heimlich.)
Begnadigt mag er werden, nicht gereinigt,
Bis von Verleumdung er zu Tod gesteinigt.
König.
Euch, Olivarez, geb' ich das Vertrauen,
Die Zeugen und Beweise mir zu sammeln.
Olivarez.
Mein königlicher Herr kennt seinen Diener;
War ich auch stets ein Feind des Calderon,
Da seine stolzen Worte mich erbittern,
Wird doch mein Zorn nie meine Treu' erschüttern.
Marianne.
Estrellen ist nicht wohl —
König.
So laßt uns gehen. (Alle ab.)

Sechste Scene.
Don Juan (bleibt sinnend stehen.)
Juan.
Ist's möglich? Calderon gestürzt! Wie muß
Sich Perez freuen und auch Olivarez,
Denn er ist ihnen jetzt nicht mehr im Wege;
Doch mir ist er's noch immer bei Estrellen;

Dies zeugte eben ihre Ohnmacht mir.
Denn kann ich mich, so lang er lebt, nicht freu'n.
Mich freuen seines Falles? Pfui, Juan!
Sich freuen über eines Menschen Fall,
Ist feige, ist unedel, wie unchristlich:
Wie leicht kann's mir auch widerfahren. Nein!
Denn ich bin treu dem König; er jedoch —
Ja, ja! er ist Rebell; das ist gewiß;
Denn, wie bestürzt und stumm ist er gestanden,
Als ihm der König seine Schuld bewies.
Drum kein Erbarmen mehr mit dem Rebellen.

Siebente Scene.

Perez (kommt etwas berauscht.) **Juan.**

Perez (ängst.)

Ha, ha! da steht er ja; ich glaube gar
Der Junge reflektirt. — ha, ha, beim Bachus!
Ein Tropf, der reflektirt, scheint mir verkehrt,
Wie junger Wein, der in der Sonne gährt,
Da beide eine saure Miene machen;
Man muß sich ärgern, oder man muß lachen.
Doch tropft der Wein so süß, daß weint der Tropf,
Dann hat der Tropf den süßen Wein im Kopf;
Drum über seine Tropfheit soll er weinen,
Doch reflektiren nie, das will ich meinen.

(Zu Juan.)

Wo bleibt Ihr denn? Schön ließ't Ihr auf Euch warten.
Sagt, steht Ihr auf dem Kopfe, oder steht
Der Kopf auf Euch?

Juan.

Sennor, was meint Ihr damit?

Perez.

Wenn auf dem Kopf Ihr steht, so konntet Ihr
Nicht kommen, und ich muß entschuldigen;
Doch steht der Kopf auf Euch, so konntet Ihr
Sehr leicht zu mir.

Juan.

Sennor! Ihr stichelt wieder.

Perez.
Mit Stichen statt mit Sticheln sollt ich Euch
Traktiren, weil Ihr lang mich warten ließt,
Wo ich Euch mit Madeira hab' erwartet,
Mit Euch so lustig den Contract zu schließen.

Juan (heimlich.)
Jetzt will auch ich einmal ihm Stiche geben.
(laut.) Nun, Ihr ließt wol so lang den Wein nicht warten,
Bis er verblüht. —

Perez (nachahmend.)
Sennor, was meint Ihr damit?

Juan.
Daß Ihr ihn in des Hirnes Topf versetzt,
Wo seine Blume strahlet aus den Augen
Und duftet aus dem Mund

Perez (nachahmend.)
Ihr stichelt wieder.

Juan.
Nun, Stich um Stich. (lacht.)

Perez (scheinbar ernst.)
Ach, ich bedaure Euch!

Juan (erschrecken.)
Warum, warum?

Perez.
Weil bald Ihr sterben werdet;
Denn wenn gewisse Leute witzig werden,
So ist ihr Ende nah. —

Juan.
Ihr stichelt wieder?

Perez.
Nun, Stich um Stich. (lacht.)

Juan (heimlich.)
Jetzt will ich ihn erschrecken,
Weil er mich schreckte. (laut.) Ich bedaure Euch —

Perez (nachahmend.)
Warum, warum? (lacht.)

Juan.
Weil Cald'ron angekommen.

Perez (erschrickt.)

Zum Teufel! Soll das Scherz sein, oder Ernst?

Juan.

Im Ernst, Sennor! er kam vor einer Stunde; —
Doch geb' ich Euch den Balsam auf die Wunde:
Er ward sogleich gefangen als Rebell.

Perez.

Ist's wahr, ist's wahr, Juanchen? Herzensjunge!

Juan.

Auf Ehrenwort, Sennor! er fiel in Ungnad;
Der König hat ihn grimmig angelaufen,
Und will, wie ich gehört, ihn richten lassen. —

Perez.

Jetzt schnell zum König mit dem Briefchen hier.

Juan (ihn aufhaltend.)

Don Perez, wie, wollt Ihr auch mich verderben?

Perez.

Die Treue nur für meinen König will's.

Juan.

Laßt mich den Brief dem König überreichen.

Perez (heimlich.)

Der dumme Fuchs geht selbst in's Netz. (laut.) Nun wohl!
Doch schwört, daß Ihr nicht sagt, wer Euch ihn gab.

Juan.

Bei meiner Ehr' und Treue für den König!

Perez.

Das ist genug mir. Wo ist die Verschreibung?

Juan.

Hier, lieber Perez.

Perez.

Hier, mein lieber Bruder.

(Geben sich mißtrauisch gleichzeitig die Papiere.)

Holla! Jetzt bin ich Herr von Terrabuena,
Und meiner Schwester Herr sollt Ihr bald werden.
Hört meinen Plan zu meinem neuen Lustspiel,
Das diese Nacht schon auf Estrella's Zimmer
Wir spielen wollen, und in welchem Ihr
Mein Bruder werdet. Calderon soll staunen,

Daß ich nicht Verse blos, auch seine Spiele
Mit Glück, das heißt zu uns'rem Glück nachahmte; —
Hört — nein doch; keine Zeit ist zu verlieren;
Drum eilt zum König, und gebt ihm das Briefchen.
(drängt ihn fort.)
Juan.
So sagt mir doch nur erst den Plan des Lustspiels.
Perez.
Erst geht zum König; denn das Eisen muß
Man schmieden rasch, so lang es glüht. Schnell fort!
Zwar richten wird ihn nicht der König lassen,
Weil er ihn liebt; doch wenn er durch dies Briefchen
Erfährt, daß Cald'ron Euch bestechen wollte,
Da Ihr um die Person des Königs seid,
Euch der Person des Königs zu bemächt'gen,
Dann wankt die Lieb', und Cald'ron fällt für immer.
Drum fort; dann eilet auf mein Zimmer, dort
Bekommt Ihr Eure Rolle für mein Lustspiel.
Merkt Euch die Losung „Calderon und Tod!"
Juan.
„Ja, Calderon und Tod!"
Perez.
Fort, lieber Bruder! (Juan ab.)

Achte Scene.

Perez (allein.)
Da hab' ich den Spion, nein, den Pion
In's Feld gesetzt; mag ihn der König nehmen!
(die Schrift schwingend.)
Jetzt hab' ich and're Bauern, die mir dienen.
Hum! kömmt der Läufer Cald'ron mir gelegen,
Dann setz' ich ihm den festen Thurm entgegen;
Doch wenn der Springer auch entgeht dem Thurm
Auf seines Dichterrosses leichten Schwingen,
So wird es später dennoch mir gelingen,
Ihn mit dem Rößchen „Klugheit" matt zu jagen,
Hilft ihm die Königin nicht aus der Klemme.

Vergiebt sie sich jedoch mit Einem Zug,
Dann — nun dann sag' ich: „Schach der Königin!"
Und ist Estrella's Herz des K ö n i g s Ziel,
Dann hab' ich ja vollends gewonnen Spiel. —
Dies ernste Spiel erheischt ein munt'res Streben;
Denn nur ein Schachspiel ist das ganze Leben,
Getheilt in dunkle und in lichte Felder: —
Der steht auf schwarzem Feld; man nennt ihn drum
„Den Bösen," weil er pfiffig ist und klug,
Der and're heißt „der Gute," der nur dumm
Im lichten Felde wandelt ohne Trug;
Und ist nicht Trug die Regel aller Spiele?!
Ein Hebel ist der Trug bei jedem Zug
Im ernsten Leben, wie im Lustgewühle:
Der Eine geht gerad, der And're krumm,
Der Dritte springt in Winkelzügen um;
Gewinnen Jeder will nach eig'ner Art,
Auf leichtem Wege wie auf dunkler Fahrt;
Und jeder Zug wird stets zum Trug erwogen;
Und wer nicht trügen kann, der wird betrogen. —
Wo ist der Weise denn, in Ost und West,
In Süd und Nord, der sich gern trügen läßt?
Wer hat Vernunft, und läßt sich willig narren?
Wer führt die Peitsche, und will zieh'n am Karren?
Verlieren nicht, regieren Jeder will;
Nur der Verstand ist König und regiert
Die Sinne in des Lebens ernstem Spiel;
Doch das Gefühl — das oft zu weit uns führt
Durch alle Felder — ist die K ö n i g i n:
Ist's gleich, ob die Vernunft, ob das Gefühl
Beherrscht der Leidenschaften Schachbrettspiel?
Nein! gleich ist es, ob man auf dunklem Feld,
Ob man auf lichtem Feld gespielt auch hat;
Auf beiden wird man doch am Ende — matt.
Drum soll man sich beim ernsten Spiel erfreu'n,
„Es lebe, wer da lebt bei Spiel und Wein!"

Neunte Scene.

Velasquez's (Zimmer mit Bildern.)

Velasquez
(kommt aus der Seitenthür, ihm nach Calderon.)

Nein, Calderon, ich kann den König nicht
So hintergehen: drum mußt Du noch bleiben.
Zur Königin kann ich Dich jetzt nicht führen,
Bis Dich der König freispricht. Dein Vertrauen
Hat Dich befreit von Fesseln meiner Zweifel;
Und von des Königs Argwohn und Verdacht
Will ich nun eilen Dich bald zu befreien.

Calderon.
Schwer wirst Du durch des Trugs Gewebe dringen.

Velasquez.
Und sollt es meinem Pinsel nicht gelingen,
Die glatte Wand der Gleißner anzuschwärzen,
Um auf dem dunklen Grund des Truggewebes
Ihm Deiner Treue Abbild klar zu malen,
So nehm' zum Beistand ich die Königin,
Die stets Dich heiß in ihren Schutz genommen!

Calderon.
Ja, sie ist mir zum Schutz und Heil gekommen!
Sie ist der Stern in meinem dunklen Leben;
Nach Ihrem Glanze richtet sich mein Streben:
Und ist sie auch der Mond mit keuschen Strahlen,
Der reine Urquell meiner trüben Qualen,
So neigt sich doch mein glühend Haupt mit Wonne,
Der Sonnenblume gleich, zu dieser Sonne.
Drum strahlt sie mir in Nähe und in Ferne,
Bei Tag und Nacht, wie Sonne, Mond und Sterne.

Velasquez.
Ei, Calderon! das seh' ich gar nicht gerne.

Calderon.
Wohl! führ mich nur zu ihr.

Velasquez.
　　　　Was willst Du dort?

Calderon.
Befrag den Pfeil, der mit magnet'scher Kraft
Vom Augenbogen mir in's Herz geflogen,
Warum er sich, bis einst mein Lauf vollendet
Nach dem Polarstern ihres Auges wendet.

Velasquez.
Sonst war der Geist der Compaß deines Strebens,

Calderon.
Jetzt ist ihr Geist der Nordpol meines Lebens.

Velasquez.
Nicht täusche Dich. Der Nordpol kann nicht glühen;
Ihr Geist allein kann Dich nicht heiß anziehen:
Du liebst sie noch mit sündigem Verlangen. (strenge.)
Warum bist Du denn in den Kampf gegangen? —
Den Frieden wolltest Du im Sturme finden;
Und da Du gingst, warum bist Du so bald
Mit Stürmen in der Brust zurückgekehrt?
Denn diese Rückkehr ist es, die den König,
Der Deine Liebe ahnt, so hart gestimmt.
O, Calderon! O denk an Tasso's Ende,
Das Gott von Deinem Herzen gnädig wende!

Calderon.
Freund! führ' mich hin; laß mich zu ihren Füßen,
Mein Herz erleichternd, Liebe ihr gestehen,
Ich fühl' es, Freund! Du wirst geheilt mich sehen.

Velasquez.
Zum König, nicht zur Kön'gin will ich gehen;
Er wird, er soll mir eine Gunst gewähren,
Die sein Vertrauen oft mir freigestellt.
Hat er auch oft mich überhäuft mit Ehren,
Zu lohnen meine Treue, meine Kunst,
Nie hab' ich doch gefleht um eine Gunst
Für mich; doch gilt es jetzt dem besten Freunde;
Drum soll, drum wird er mir die Gunst gewähren:
Nach Catalonien laß er Dich rückkehren;
Denn ich will ihm Dein reines Herz entfalten;
Soll't er Dich auch vielleicht für schuldig halten.

Calderon.
Ich, schuldig?! Schuldig ist der König mir. —
Hier sieh den Schuldbrief; fast vergaß ich ihn;
Ja, fast vergaß ich meiner Ehre Klarheit,
Da Nebel glüh'nder Liebe mich umdüstern. —
Hier sieh den Brief, gieb ihn der Königin.

Velasquez.
Der Königin? Sag' erst, was er enthält.
Dir will ich jeden Liebesdienst erweisen,
Doch niemals einen Liebesbrief bestellen.

Calderon.
Sei unbesorgt: ich ford're nie vom Freunde
So niedern Dienst. Er ist von Don Alvaro,
Der, nach des König's sehnlichem Verlangen
Ihm meldet wie zum Feind ich übergangen.

Velasquez.
Und darf's der Freund nicht wissen? Calderon,
Sieh, nicht bin weiter ich in Dich gedrungen;
Durch Deine Worte blos: „ich bin unschuldig!"
Ward leichter Argwohn leicht der Brust entrungen.
Doch, Freund, jetzt bitt' ich Dich, sag mir, wie's zuging,
Daß so Dein Werth in's falsche Licht gestellt?

Calderon.
So hör'! — Von den Rebellen rückgekehrt,
Wo ich des güt'gen Königs Gnade Allen
Vergebens bot mit Macht der Ueberredung,
Gab ich mein Amt in Don Alvaro's Hände. —
Hieher zu kommen, war unmöglich mir;
Nach Frankreich geh'n mit einer andern Sendung,
Was sonst mein heißer Wunsch, war jetzt mir Pein;
Nicht trennen konnt' ich mich vom Vaterland,
An das mich band ein zwiefach festes Band;
Drum während Don Alvar dem König schrieb,
Ergriff die Waffen ich. — Ha, wie beseelt
War mir vom Muth die Brust, befreit von Qual;
Wie ward die lang entwöhnte Faust gestählt,
Als meinen alten Sarazenerstahl
Um's Haupt ich schwang wie eines Blitzes Strahl;

9*

Wie pochte laut mein Herz mit stolzem Drang
Zum Schlachtgesang und zum Drometenklang:
Die einst gewohnte, lang entbehrte Lust
Des wilden Kampfes hob' die wilde Brust.
Ich stürzte fort mit meinen Kampfgenossen;
Ich suchte nur den Tod, der vor mir floh,
Als scheut' er selbst die Wuth, die mich belebte.
Er streute des Verderbens blut'gen Samen
In's Feld, gefurcht von den Rebellenreihen;
Als Schnitter folgten wir dem Sämann Tod:
Sie sanken schnell vor unsrer Säbel Blinken,
Wie vor der Sichel leichte Halme sinken.
Bald waren wir, zu heftig vorgedrungen,
Von Unsren abgeschnitten, fast bezwungen;
Ein Wald doch, der des Feindes Rücken deckte,
Die Arme schützend uns entgegenstreckte,
Verbarg im Schoße seiner dichten Sprossen,
Wie seine Kinder, meine Kampfgenossen
Bis uns die Nacht mit schwarzem Sternenschild
Bedeckt, ihr dunkler Mantel uns verhüllt.
Rings herrschte Ruh' in Finsterniß und Schlummer, —
Nur meiner finstern Brust kam Ruhe nimmer,
Wo stürmisch neu erwacht der alte Kummer; —
Und bald erlosch der Heilung schwacher Schimmer.
Den Tod, den ich gesucht, der mich gemieden,
An Trost verzweifelnd, wollt' ich selbst mir geben,
Verzweifelnd, ob zu meinem Heil hienieden,
Ob nur zur Qual mir Gott erhielt das Leben. —
Kaum war die Nacht verscheucht vom Morgenroth,
Als wir hervorgestürzt mit Donnerworten:
„Für Vaterland und König! Sieg und Tod!"
Und, wie vom Blitz versengt, an allen Orten,
Wo wir hinstürmten, unsre Feinde sanken.
Das Zentrum wich, im Rücken angefallen,
Und unsre Brüder fielen in die Flanken;
Von allen Punkten kam der Feind zum Wanken:
Da hörten wir des Sieg's Dromete schallen.
Sie jauchzten, als des Tages Sieg entschieden,
Nur mich hat stets des Todes Sieg gemieden.

Velasquez.
Fürwahr, selbst nicht der Tod konnt' Euch besiegen;
Denn wunderbar hat Gott Euch uns erhalten.

Calderon.
Ja, wunderbar sind uns'res Schicksals Grillen,
Die oft den herbsten Wunsch uns nicht erfüllen.
Man hielt für todt uns, oder doch gefangen,
Und wie ein Wunder staunte man mich an;
Denn jeder Kampfgenosse war verletzt,
Nur mir war blos das blut'ge Wamms zersetzt.
Selbst Don Alvar umarmte mich mit Jauchzen
Und gab mir dieses Schreiben an den König,
Der stets nach mir gefragt, nach mir begehrt:
Nur darum bin ich schnell zurückgekehrt,
Und übernahm den Brief. — Des Leib's Ermattung
Hielt ich für Ruhe meiner Seelenschmerzen,
Für Frieden in der Brust, für Ruh' im Herzen.
So kam ich an; da sah' ich sie in Pracht
Mit schönem Muth für meine Ehre kämpfen;
Da hört' ich ihrer Stimme Himmelsmacht
Den Höllenaufruhr der Verleumdung dämpfen;
Und Gluthen, denen ich schon wähnt' entkommen,
Die stets doch nur wie unter Aschen glommen,
Erhob ihr süßer Hauch zu lohen Flammen:
Verdamm' mich, Freund, ich kann mich nicht verdammen.

Velasquez.
Verdammen? Nein, umarmen muß ich Dich;
(hält ihn umarmt.)
Denn Du hast wacker mit dem innern Feind,
Und tapfer mit dem äußern Feind gestritten.
Und nun begreife ich, wie Dein Verdienst
Entstellt ward von den Neidern Deines Ruhmes,
Wodurch an Deiner Treue unser König
Nun zweifeln mußte —

Calderon.
    Hat er doch gezweifelt?

Velasquez.
Wie sollt' er nicht? auch mein Vertrauen wankte.

Calderon.
Auch Dein Vertrauen wankte? —
Velasquez.
Ja, denn Du
Warst nicht der Calderon, als Du geschieden.
Doch jetzt, laß mich zur Königin. — Du gehe
Dort auf mein Zimmer, das Dein Kerker ist. —
Zwei Wachen, die Du vor der Thür sollst schauen,
Sind blos Dein Ehrenwort und mein Vertrauen. (Ab.)

Zehnte Scene.

Calderon (allein.)
Ich war nicht Calderon, als ich geschieden?
Und bin ich Calderon, da ich gekommen?
Was bin ich denn? Ein weicher Ball, vom Schicksal
Dem Launenspiel der Menschen preisgegeben!
Ein Spielball ich? — Was hat aus mir gemacht
Die Sonnenliebe reifen Mann's, die ernster
Brennt, als der muntern Jugend Frühlingsliebe,
Die, wie aus Märzenschnee, zum Ball gedrückt
Von zarter Hand, dem Jungen Spielball ist,
Und nach dem Spiel vom warmen Hauch zerfließt.
Doch, weh', wenn solch' ein Ball, der als ein Keim
Zur Liebe in des Menschen Busen ruht,
Vom stolzen Gipfel schnee'ger Mannesbrust,
Durch Jahre fortgewälzt vom Sehnsuchtsdrang,
Durch viele öde Jahre still und bang,
Urplötzlich als Lawine niederstürzt!
Den Schneeball junger Liebe kann ein Strahl
Leicht schmelzen, aber die Lawine kann,
Erdrückend Alles rings im Niederwälzen,
Vom eig'nen Druck zerplatzen, nie zerschmelzen. (Ab.)

Zimmer des Königs.

Eilfte Scene.

König bei einem Tisch mit Papieren sitzend. Olivarez.

König.
Wahr ist's: der Schein ist gegen ihn; doch trügt
Der Schein oft, Calderon nur kann nicht trügen. —

Olivarez.
Nun, so muß ich und Don Alonzo lügen.

König.
Ihr beide seid bewährt; doch habt Ihr auch
An Calderon als Feinde Euch bewährt:
Drum ist es leicht, daß Euch der Schein verblendet;
Doch ich bin freundlich Calderon gewogen.
Was trüb dem Feind und fleckenvoll erscheint,
Da findet Perlen oft im Schlamm der Freund. —
Drum heißt es jetzt, dies Räthsel wohl betrachten.

Olivarez.
Zu dieses Räthsels Schloß, mein gnäd'ger König,
Läßt sich ein Schlüssel finden; so zum Beispiel:
Wenn Calderon — der einst zwar durch zehn Jahre
Als tapf'rer Krieger für das Vaterland,
Und seinem König treu, in Waffen stand,
Auch fast so lang am Hof Euch treu gedient —
Wenn eben dieser Calderon doch jetzt,
Durch hoffnungslose Liebe tief verletzt,
Die Pfeile Eures Zorn's und seiner Liebe
Im Sinnenschwindel gegen Euch gekehrt,
Vielleicht von einem Hochmuthsplan bethört:

(den König schlau und bedeutungsvoll anblickend.)

Wir wissen Liebende und Dichter fügen
Kühn Plan an Plan, die hoch, wie Adler fliegen.

König.
Ihr seid ein Basilisk, deff' Blick vergiftet.

Olivarez.
Der Blick, mein König, ist durch Zeit geschärft.
Ihr wißt, daß ich auf Liebe mich verstand,

So wie ich weiß, daß Ihr dies Schwindeln kennt,
In dem der Liebesrausch die Sinne führt. —
Ich lieh', mein König, oft Euch Rath und That
Beim Katzenjammer früh'rer Liebeleien;
Drum auch erlaubt sich meine Treue jetzt
Den Rath zu geben: laßt den Schein der Schuld
Sammt Gluth und Blut, woraus es strömt, vertilgen,
Eh' diesen Schein ein günst'ger Wind anfacht
Zur Flamme, die Euch dann noch stärker brennt. —
Doch mein' ich nur den Calderon —

König.
Barbar!
Wol war't Ihr einst in Nero's Haus zu Rom
Geboren, wo sein Geist in Euch gefahren;
Wol hängt Ihr Muhamed's Grundsätzen an;
Denn er war auch, was Ihr seid, ein Tyrann;
Wol drängen Eure eig'nen Anverwandten
Mich stets den „harten Guzmann" zu entfernen;
Und weil Ihr dies befürchtet, eifert Ihr
Mit Calderon, der Euch im Wege scheint.
Doch rath' ich Euch, mein alter, harter Rathsherr,
Da mich Gewohnheit nur an Euch jetzt bindet,
Legt Eure Härte ab, und wachet sorgsam
Mir für sein Leben. Drum an seine Fersen
Hängt Eures Lebens Schatten ohne Krallen,
Fällt Calderon, muß auch sein Schatten fallen.

Olivarez.
Ich bin ein Spanier, und ein treuer Diener.

König.
Drum eben, weil ich meine Spanier kenne,
Die mit dem Haß den Dolch im Busen tragen,
Um in den Rücken ihn dem Feind zu schlagen,
Muß fürchten ich, wo ich vor Achtung brenne.

Zwölfte Scene.
Don Juan. Vorige.

König.
Warum so scheu, Sennor! als brächtet Ihr
Mir eine Hiobspost?

Juan (giebt dem König den Brief.)
So ist's, mein König!

König.
Das ist die Handschrift Calderon's an Euch.

Juan.
Drum eben wagt' ich nicht, ihn zu entsiegeln;
Man sagt, er sei Rebell —

König.
Bis das entschieden,
Fühlt Euch geehrt, wenn Euch der Dichter schreibt.
Drum leset immerhin, damit Ihr sehet,
Daß er Euch zum Rebellen nicht verleitet;
Denn er kennt Euren mir ergeb'nen Sinn.

Juan (nachdem er gelesen.)
Und doch mein König! will er mich versuchen.

König (nimmt rasch den Brief und liest.)
Das ist ein falscher Brief. Wer gab ihn Euch?

Juan.
Heut — ein Vermummter —

König.
Ein verkappter Bube.
Der Brief ist falsch — und doch ist's seine Hand —
Nein, seine Hand ist's nicht, nur nachgeahmt. (liest.)

Olivarez.
Es giebt Gewebe fein und himmelsblau,
Von außen glatt, und doch von innen rauh;
Drum haltet nichts, mein König, für unmöglich;
Das Herz ist rauher oft, als das Gesicht,
Und in das Herz blickt man mit Augen nicht. —

König.
Und könnte man's, wie Mancher müßte beben. —
Ruft meinen Hof zusammen.

Marianne
(ist bei den letzten Worten mit Estrella eingetreten, zu Oliveraz, der abgehen will.)

Bleibt ein wenig;
Mein gnädiger Gemahl, erst höret mich,
Und leset dies, das alle Räthsel löset.

König.
Ich hab' genug gehört, und auch gelesen.

Marianne (bittend.)
Les't dieses hier. (giebt ihm das Schreiben.)

König (giebt ihr das Schreiben.)
Ich geb' Euch dies dafür.

Estrella (heimlich.)
Mich faßt um Calderon ein ängstlich Beben.

Juan (für sich.)
Wie muß ich zittern nun für Ehr' und Leben.

Marianne
(zu Juan, nachdem sie gelesen.)
Wer gab Euch diese nachgeahmte Schrift?

Juan.
Ein — ein (stockt.)

Marianne (ihn fixirend.)
Nun wer? Was stottert Ihr, Sennor,
Als schüttelte Gewissen Eure Zunge?
Denn seid Ihr frei von Schuld, so sprecht auch frei.

Juan (zu ihren Füßen.)
Vergebt mir, Kön'gin, ich bin frei von Schuld;
Doch gab mein Wort ich, ihn nicht zu verrathen.

Marianne.
Doch Ihr seid schon verrathen —

Juan (bestürzt und rasch.)
Ich? Durch Perez?

Marianne (lächelnd.)
Er ist's durch Euch, und Ihr seid's durch Euch selbst.

Juan.
Nein, Königin, ich hab' ihn nicht verrathen.
Marianne.
Nein, nein, Sennor! nur ich hab' ihn errathen. —
(zum König.) Jetzt glaub' ich wol, mein königlicher Herr,
Daß Ihr genug gelesen und gehört,
Wie falsche Winde Euer Herz bethört.
König (zu Olivarez.)
Es bleibt dabei; versammelt meine Granden.
(zu Juan.) Und Ihr, Sennor! bringt Cald'ron in den Saal;
Denn heut' entscheide sich's, ist's gleich schon Abend.
Marianne.
Was soll geschehen, mein Gemahl? Ihr schweigt?
Um Jesu Willen, Herr! laßt Euch beschwören —
König.
Laßt, Königin, den König nur gewähren;
„Gerechtigkeit und Ordnung sei auf Erden:
Gereinigt soll er, nicht begnadigt werden." (Alle ab.)

Dreizehnte Scene.

Estrella (bleibt zurück.)
Estrella.
Nein, Calderon kann nicht Verräther sein!
Verräther ist er nur an meinem Herzen,
Das durch ihn ward empört zu wilden Schmerzen,
Die gegen mich und meinen Frieden toben.
Ihr wilden Stürme, tobt nur immer fort
In meines Busens sonst so stillem Ort,
Bis durch den letzten Sturm Ihr selbst zerstoben. —
Sie liebt ihn, ja, sie liebt verehrend ihn;
Ich weiß, wie aus Bewunderung wird Liebe:
Im Pilgerkleide der Verehrung schleicht
Sich Amor ein in Zellen frommer Herzen;
Er wirft die Kutte ab in muntern Scherzen,
Spannt der Anbetung Pilgerstab zum Bogen
Und schnellt den Pfeil, dem geist'gen Zug entflogen,
Zum reinen Herzen mit der Liebe Schmerzen.

Sie liebt ihn, während brausend in mir gährt
Das Gift der Eifersucht, das mich verzehrt;
(sinkt an den Tisch und weint.)
Ja, Eifersucht, die Mutter wilder Triebe,
Die mich mit Liebesmilch zuvor gestillt,
Hat meines Herzens Kelch mit Gift gefüllt,
Und frißt und nagt am reinen Kelch der Liebe. —
Sie liebt ihn, und doch kann ich sie nicht hassen;
Er liebt sie, und doch kann ich ihn nicht lassen;
Noch leuchtet mir der Hoffnung fahler Glimmer,
Er wird mir einst vom Irrgang wiederkehren,
Und dann, in seinem neuverklärten Schimmer,
Darf ich ihn lieben, und sie ihn verehren.
Drum will ich harren, dulden, ach, und leiden,
Da Betteln selbst um Liebe noch erquickt. —
Das Herz ist ja genügsam und bescheiden,
Selbst von Almosen wird es noch beglückt. —
Ja, betteln muß ich, denn mein Stolz ist hin.
Doch Stolz hat stets vor Liebe sich gebückt; —
Und Amor beugt selbst Juno's stolzen Sinn;
Drum bin ich stolz noch, da solch' Betteln schmückt;
Und dieser Stolz macht mich zur Königin.
Denn weh' dem Weib, das sich der Liebe schämt;
Es ist ja nur geschaffen für die Liebe;
Und wenn ein Weib, selbst ungeliebt, sich grämt,
So kann's vergeh'n, nie schämen sich der Triebe:
Ich bin ein Weib, ich will mich nicht besiegen,
Und müßt' ich Gram und Schande unterliegen. (Ab.)

Der Vorhang fällt.

Anmerkung. Die vierte Handlung muß bald nach der dritten folgen.

Vierter Akt.

Hell erleuchteter Thronsaal.

Erste Scene.

Perez. Juan. Calderon. Velasquez. Granden. Hofstaat.

Perez (zu Juan.)
Nun, wie benahm sich Calderon, als Ihr
Ihn abgeholt?

Juan.
Er war gefaßt und ruhig. —

Perez.
Und stolz und herrisch obendrein, nicht wahr?
Geht Alles doch, wie Ihr mir sagt, so soll
Das hohe gold'ne Halsband seines Stolzes
Bald vor der Zornesgluth des König's schmelzen. —
Ei! steht er nicht da, als erwartet' er
Ein Ordensband? (heimlich.) ja, eine gold'ne Schlinge,
Die ich ihm heimlich um den Hals gelegt. —
Hört, Don Juan, wir wollen diesen Abend,
Als wär's der Abend vor dem jüngsten Tag,
Mit Scherz und munt'rer Laune Spiel verbringen.
Denn ist das Trauerspiel nur hier zu Ende,
So fangen wir gleich unser Lustspiel an,
Beginnend erst bei mir, und endigend
Im Zimmer meiner Schwester. Drum zuvor
Kommt Ihr zu mir, bei einem Glas Madeira
Noch einmal Eure Rolle einzulernen. —
Wie heißt die Losung? —

Juan (sich umblickend.)
„Calderon und Tod!"

Perez.
Nun das ist auch der Titel unf'res Lustspiels.
Entfernet Euch von mir; der König kommt.

Zweite Scene.

König. Marianne. Olivarez. Pagen. Gefolge. Vorige.

König.
Ich grüß Euch, Granden, und Euch, Caballeros!
Ihr seid als Zeugen noch so spät berufen
Zu einer Handlung der Gerechtigkeit,
Die heute schon ich will vollendet haben:
Gerechtigkeit soll keine Nacht verschlafen,
Eh' sie die Dämmerung getrübter Unschuld
Mit kaltem Strahl des klaren Rechts erhellt. —
Ihr wißt, wie Calderon — deß Werth wir stets
Mit Ehren und Vertrauen anerkannt —
Die Waffen für das Land und für den König
Zehn Jahre trug, jetzt wieder sie ergriff
Im katalon'schen Krieg. — Er und sein Korps
Verschwand im wüsten Kampf. Man glaubte drum —
Und so ward's uns auch zweifelhaft berichtet —
Daß er gefangen, oder übergangen;
Denn unf're Feinde drangen stärker vor.
Nun fragen wir — da Nebel deckt die Klarheit —
Was Ihr von beiden haltet für die Wahrheit?
Ihr schweigt? Gebt Eure Meinung für das Recht. —
(Gemurmel.)
Mit Murmeln nicht könnt Ihr die Wolken spalten;
Sagt, wollt Ihr Calderon für schuldig halten?

Viele.
Nein! —

König (zu Olivarez.)
Seht Ihr, was die gute Meinung gilt?
Hat recht erlangt ein rechter Mann Vertrauen,
Kann er auf solchen Grundstein immer bauen.
(zu Perez) Don Perez, Ihr habt einen klaren Vortrag:
Lest der Versammlung dieses Schreiben vor,
Das kürzlich wir von Don Alvar erhielten.

Perez (liest.)
Mein Herr und König! Eure wackern Truppen
Erkämpften endlich heut nach unentschied'nem
Und wochenlangem Kampf den schönsten Sieg,
Und diese günst'ge Wendung danken wir
Der beinah' wunderbaren Tapferkeit
Des todt geglaubten Don — Don —
      König (einfallend und ergänzend.)
                              „Calderon."
      Perez.
Mein königlicher Herr! ich kann des Nachts
Nicht lange lesen, da mich Lichter blenden.
      König.
Daß Ihr geblendet seid, begreif' ich wohl;
Doch nicht begreif' ich, wie Ihr dienen wollt; —
Ein wahrer Staatsmann ist auch Nachts beflissen,
Drum kann er gute Augen nie vermissen. —
Ich rath' Euch, schafft Euch beß're Augen erst. —
Bringt, Don Juan! mir jenes Schreiben wieder.
      Perez.
Ha, kann des Basilisken Aug' nicht tödten,
Und weder Hauch, noch List der Klapperschlange;
      (an den Dolch greifend.)
Wozu hat sie den giftig scharfen Zahn? —
Todt finde Calderon der Morgenhahn!
      König.
Ihr wißt, daß Calderon unschuldig ist,
Ja, daß wir seinem Muth verschuldet sind.
Für heute seid blos Zeugen unsres Dankes. —
Don Pedro, Cald'ron de la Barca, kommt!
Wir kennen Euren schlichten Sinn, und wissen,
Kein Goldeswerth, kein Amt und Güterstolz
Kann Euer frommes, treues Herz erquicken,
Noch Euren hohen edlen Geist beglücken;
Drum geben wir das Reinste, Höchste Euch,
Was nur ein König geben kann auf Erden;
Es ist das reine Zeichen wahrer Treue,
Als Anerkennung Eures hohen Werthes,

Das strahlend hängt an dieser gold'nen Kette,
Die Euer Vaterland durch Eu'ren König
Um Eu'ren Hals als Sinnbild legt, daß Ihr
Durch Proben, gleich dem Golde, rein gefunden,
Durch Treue, gleich der Kette festgebunden. —
Doch leg' ich, um Euch höher auszuzeichnen,
San Jago's Orden in der Kön'gin Hand,
Aus der wir Eu'rer Treue Prob' erhielten.
(giebt die Kette an die Königin.)

Marianne.
Sennor, tragt diesen Stern auch uns zu Ehren,
Sein Funkeln sag' Euch, daß wir Euch verehren.
(Trompetenstoß, während dem hängt sie ihm die Kette um.)

Calderon.
Geliebte Königin, die Silberspangen
Der Arme, die jetzt meinen Hals umfangen,
Verdunkeln aller Orden strahlend Gold,
Wenn mir nur Eure Sterne funkeln hold.

König.
Und morgen zieht Ihr mit den andern Rittern,
(vom Throne steigend.)
Da uns Velasquez Euer Herz eröffnet,
Nach Catalonien hin. —

Calderon (erschrocken.)
Mein Herr! — Mein König!

König.
Nicht mir den Dank, der Königin nur dankt,
Die als Sachwalter Euch in Schutz genommen.

Perez (zu Juan.)
Auch uns'rem Schutze soll er nicht entkommen,
Sennor, vergeßt nicht, was ich Euch gesagt. (Alle ab.)

Dritte Scene.
Velasquez und Calderon (bleiben.)

Velasquez.
Bald fang ich an, Dich, Glückskind, zu beneiden.

Calderon.
O spotte nicht; Dein Neid wär' eitler Spott;
Was sollen mir der Würden eitle Freuden?
Du kennst mein Leiden, willst mich noch beneiden;
Du weißt, daß ich sie liebe, fort doch muß
Von hier, wo ihrer Reize Zauberkraft
Ein sel'ges Himmelreich auf Erden schafft;
Wo ihrer milden Hoheit Wundermacht
Mit Anmuthstrahlen hellt des Lebens Nacht;
Jetzt fort von hier, wo durch des Glückes Hauch
Die unheilschweren Wolken leicht zerronnen;
Jetzt, wo die Nacht mir heller Tag geworden,
Wo ich mich tauchen könnt' in Himmelswonnen,
An ihres Geistes Strahl mein Herz zu sonnen.

Velasquez.
So bleib'; es kostet Dich ein einz'ges Wort.

Calderon.
Nein, nein! Hier müßt ich nur noch mehr versinken;
Denn hier versengt ihr Gluthstrahl mir die Sinne;
Wie Sonnengluth verzehrt die Blumenau,
Die nicht erfrischt vom milden, süßen Thau;
Ach! und auch fern von ihr, wo Nebel mich umnachten,
Wo ich ihr Aug' nicht seh', muß ich verschmachten;
Wie die auf fremden Grund verpflanzte Blume,
Kein Sonnenlicht erblickend, welken muß. —
So blüht des Friedens Palme nimmer mir,
Nicht hier im Paradies, nicht fern von ihr;
Denn nah' und fern vergeh' ich doch in Leiden: —
Nun sage, Freund! willst Du mich noch beneiden?

Velasquez.
Nun, wenn Du fort nicht kannst, nicht hier willst bleiben,
So weiß ich wahrlich nicht, wie Dir zu helfen.

Calderon (rasch.)
Du kannst mir helfen, Freund!

Velasquez.
Wie?

Calderon.
Führe mich
Jetzt gleich zur Königin.

Velasquez.
Ich? — Nimmermehr!
Wie kannst Du fordern je, als Freund, daß ich
Des Königs Zuversicht mit solchem Undank
In Deinen Liebeshandel soll vertauschen?

Calderon.
Du bist zu streng, und drum so ungerecht.
Nicht Hochverrath, noch Undank wär's von Dir;
Der König selbst wies meinen Dank an sie;
Und morgen kannst Du's selbst dem König melden.
Führ' mich nur jetzt zu ihr, nur Einmal noch
Laß vor dem Scheiden ihre Hand mich küssen,
Mein liebend Herz in Dank vor ihr erschließen.

Velasquez.
Wenn ich auch wollte, kann ich's dennoch nicht;
Du kennst die Förmlichkeit des Hof's, der enge
Die Königin in gold'nem Gitter schließt.

Calderon.
Ich weiß, Du kannst; Du hast den freien Zutritt
Bei Tag und Nacht durch das Vertrau'n des Königs.

Velasquez.
Dann ziehst Du aber fort! — Doch es ist spät.

Calderon.
Mit früh'stem Morgen ziehen wir von hier;
Und niemals kehr' ich, oder rein zurück.

Velasquez.
Es sei! Doch nimmst Du kurzen Abschied nur.

Calderon.
Ich nehme Abschied, gebend ihr mein Herz. (Beide ab.)

Estrellas Schlafgemach.

Vierte Scene.

Estrella (kommt mit einer Lampe aus dem Seitenzimmer.)
Matt brennt, gleich dieser Flamme, auch mein Herz:
Ich fühl' es, bald verlischt auch dieses Flämmchen.
Umsonst! wo keine Nahrung quillt, verlischt
Der Hoffnung Dämmerlicht, mit dessen Schein
Die Liebe, mit dem Lieben auch das Leben,
Doch mit dem Leben auch des Flämmchens Beben.
Und doch, ein schwacher Rest von Hoffnung lindernd
Und zehrend brennt mir noch im Busen, hindernd
Und wehrend meines Flämmchens frühes Ende.

(sich den Dolch ansetzend.)

Weht nur ein kalter Hauch, verlischt behende
Das Licht des Lebens mit des Lebens Triebe. (sich setzend.)
Der Glaube? Ach! des Weibes Trost ist Liebe,
Und süße Hoffnung ist ihr Paradies. —
Ach, seit der Hoffnung Oelzweig mir verblichen,
Ist auch des Glaubens lindernd Oel entwichen: —
Ich werde sterben! — Ja, ich seh' es klar
Bei diesem Flämmchen, das mich still bedauert,
Und seh' es klar beim bleichen kalten Strahl,
Der mich anstiert aus diesem blanken Stahl,
Als wollt' er mich mit glatter Zunge trösten
Und lindern mir die nie gekannte Qual.
Gedulde Dich, mein Freund! vertrauter Freund
Des span'schen Weibes, der am Busen liegend,
Zuerst des Herzens dumpfe Schläge hört;
Der, die Untreue am Geliebten rügend,
Den Drang der Eifersucht mit Kraft bewehrt; —
Gedulde Dich, mein Freund, Du Schmachbefreier,
Du Gramerlöser, der mir drum so theuer,
Der von der theuren Mutter mir als Wehre
An's Herz gelegt, zu schützen meine Ehre! —

(steckt den Dolch in den Busen, nach einer Pause.)

Noch einmal nur möcht' ich an seiner Seite
In jener Rosenlaube selig sein,
Beseelt von seines Geistes heil'gem Schein; —

O, eitler Wunsch! für immer sind die Stunden
Der Andacht reiner Liebe hingeschwunden!
Verschmäht bin ich! O Schmach und Höllenpein!
(Eine dicht vermummte Gestalt steigt durch eine Tapetenwand, und nähert sich
leise Estrellen, die nach einer Pause fortfährt.)
Ach, wenn die sel'gen Stunden wieder kämen,
Wenn auch in Träumen nur, von ihm entzückt,
Jetzt, wo kein Traum mich und kein Schlaf erquickt;
Ach, wenn er wieder käm' zu meinen Füßen,
(er kniet sich nieder.)
Und deckte meine Hand mit seinen Küssen. (er küßt ihre Hand.)
(aufspringend.) Ha, Calderon! Ist es kein Traum? kein Wahn?
Mein Pedro! Ja, Du bist mein Licht, mein Leben!
(Fällt ihm um den Hals.)

Juan.
Ich bin nicht Calderon; ach! kaum sein Schatten.

Estrella (zurückprallend.)
Ha! Höllenspuck, wer bist Du denn? — Du schweigst? —
(reißt ihm den Hut ab.)
Wie, Don Juan?! Seid Ihr's? Ihr ein Verräther?
Ihr ein verruchter, unverschämter Schleicher,
Der frevelnd übertrat die reine Schwelle
Des Heiligthums, um von geweihter Stelle
Des Busens mein Geheimniß mir zu stehlen?
Ist's möglich? kann sich unter stiller Welle,
Die klar dem Schein nach fließt aus reiner Quelle,
Des Bösen Sündenschlamm im Grund verhehlen?
Ist's möglich, daß ein Schuft sich so verhüllt,
Daß er der Welt als rein und bieder gilt?

Juan.
Nur, ach! die reinste Liebe hieß mich fehlen.

Estrella.
Verdammt ist Liebe, die so fehlt.

Juan.
     Mein Herz
Wollt' ich zu Euren zarten Füßen legen —

Estrella.
Thut's, ich will's unter meinen Füßen pflegen.
Entflieht!

Juan.
Nicht ohne Eure Gunst, Estrella!
Verzweiflung giebt mir den gewohnten Muth,
Der stets, seit ich Euch liebe, mir gefehlt.

Estrella.
Der freche Muth zeigt Euch im wahren Licht,
Daß Ihr entlarvt erscheint als feiger Wicht.
Wie konnt' ich je den frechen Buben achten?!

Juan.
Estrella, Ihr verkennt mich; nur die Liebe
Treibt mich zum Aeußersten: verzweifelt Liebe,
Ist nichts ihr heilig, als die Gegenliebe;
Und die soll werden mir; mein müßt Ihr sein!
Ich schwör's mit Euch zu leben und zu sterben. (nähert sich.)

Estrella.
So sterbet! — oder lebet, wie Ihr wollt,
Nur weichet schnell von mir.

Juan.
     Nun, nimmermehr!
Gelös't, ist meines Herzens stumpfes Bangen,
Verzweiflung und Gefahr zersprengt die Spangen,
Die Muth und Zunge lähmend mir umfingen,
Nun bin ich frei, und frei ist meine Gluth,
Und Kraft mir wiederkehrt mit meinem Muth.
Und kühn will ich der Liebe Preis erringen;
Nicht hemmen soll mich mehr ein heil'ges Grauen,
Und müßt ich selbst dem Tod in's Auge schauen.
(umfaßt sie.)

Estrella (zieht den Dolch.)
Entflieht, und keinen Augenblick verzieht;
Denn sonst muß Euch der Tod in's Auge schauen.
(zückt gegen ihn den Dolch; er prallt zurück.)
Ha, Schwächling, schnöder Feigling! frecher Lüstling!
Wo ist nun Eure Gluth, wo Euer Muth,
Den von der bleichen Wange jagt das Blut
In's wüste Herz, wie einem schlaffen Wüstling?

So seid Ihr Männer, die Ihr sünderschlafft;
Nur gegen schwache, unbewehrte Frauen
Habt Ihr zu Eurem Frevelmuth Vertrauen,
Uebt Ihr des Uebermuthes rohe Kraft;
Doch jedes Weib, trotz aller Scham und Schwächen,
Hat immer Kraft, an Buben Schmach zu rächen.
Juan.
Ha, mir die Schmach! (fällt ihr in den Arm.)
Estrella (ringt mit ihm.)
Zurück!
Perez (rasch eintretend.)
Was muß ich sehen?!
Sag, was bedeutet dies? Was ist geschehen?
Estrella.
Ach, rette Bruder mich vor dem Verruchten,
Der heimlich einschlich, um mich zu entehren.
Perez.
Wie, Don Juan; so lohnt Ihr meine Freundschaft?
Ist das die Treue, die Ihr mir gelobt?
Ein Heuchler seid Ihr, der ins Herz sich stahl,
Um meiner Schwester Ehre mir zu rauben.
Kennt Ihr des span'schen Hauses strenge Sitte,
Durch deren Unglimpf Ihr den Tod verwirkt?
Mit Eurem Blute solltet Ihr die Flecken,
Die uns'rer Ehre Ihr gebracht, bedecken;
Doch nicht aus Freundschaft, nicht um Euch zu schonen,
Nur um die Schmach nicht weiter zu verbreiten,
Will ich der Sühnung mild'res Mittel wählen. —
Estrella.
Ha!
Juan.
Ich will Euch in Allem Folge leisten.
Perez.
So folgt uns gleich zur Trauung, uns're Schmach
Noch diese Stunde zu begraben; oder
Ihr zahlt die Schande uns mit Eurem Leben.
Estrella.
Nein, eher soll er sterben, der Verruchte! —
Perez.
Du mußt befolgen, was die Ehre heischt.

Estrella.
Die Ehre bleibt unangetastet mir;
Des Hauses reines Heiligthum allein
Hat er befleckt; und dafür mag er büßen.
Perez.
Du folgst zur Trauung (faßt sie bei der Hand.)
Estrella (will sich losreißen.)
Nein — ich — nimmermehr!
Perez.
Du, Schwester, weißt, ich lieb' Dich, wie mein Leben;
Doch mein und Dein Herz könnt' ich für die Ehre
Und für die Ruhe unf'res Hauses opfern —
Drum komm; sonst tödt' ich Dich mit diesem Dolch.
(zieht mit der linken Hand den Dolch aus dem Gürtel.)
Estrella.
Du, Bruder, weißt, ich lieb Dich, wie mein Leben;
Für meine Ehr' und Seelenruhe doch
Könnt' ich, Du siehst, ich bin nicht unbewehrt,
Mit eigner Hand den Tod Dir, wie mir geben. —
Perez (zieht sie.)
Mach fort!
Estrella (ringend.)
Laß' los — bei Gott, sonst tödt' ich Dich!
(zückt den Dolch gegen Perez, der zurückbebt.)
Perez.
Sei ruhig, Schwester! Gut denn; jetzt soll uns
Des Heuchlers freches Blut die Schmach verdecken. —
Vertheidigt Euch, habt Ihr noch Muth und Ehre.
(sie fechten.)
Estrella.
Fort schnell zur Königin, fort! (ab.)
Perez (sich umsehend.)
Fort ist sie. —
Ha, ha! wir spielen unf're Rollen gut;
Doch besser mitgespielt hat uns Estrella,
Sie ist ein Teufelskind. Geschwind; sie kommt. (sie fechten.)
Ha, ha! es war nur Angst; sie macht uns warm.
Was thuts; ist auch ein Baum so stark und breit,
Die kleinste Axt fällt ihn doch mit der Zeit;

Und ist ein Mädchen noch so zart und fest,
Daß sie sich kaum vom Mann berühren läßt,
Wird mit der Zeit sie doch des Witzes Beute.
Laßt Euch drum nicht entmuth'gen, denn noch heute
Fällt sie Euch in den Arm, und Calderon
In Todesarm. — Zwar weiß ich noch nicht wie?
Doch nie mißlang mir noch, was ich erdacht
Mit Witzes-Macht, mit stiller List der Nacht;
Und jag' ich erst die Geister alle auf,
Dann bricht die Hölle los im vollen Lauf;
Die hat mir stets gebracht die schwerste Fracht. —
Ein Glas Madeira soll mich nun begeistern,
Estrella und den Dichter zu bemeistern. —
Vor Mitternacht kommt Ihr noch in den Garten,
Wo ich und alle Teufel Euch erwarten. —
Wißt Ihr die Losung?

Juan (im Abgehen.)
„Calderon und Tod" (Beide ab.)

~~~~~~~~

Zimmer der Königin.

Fünfte Scene.

Velasquez, hernach **Marianne** und **Calderon.**

Velasquez.

Bei keinem Schritte, den ich je gethan,
War mir so bang; doch soll er bald mir fort. —
Wie vieles opf're ich dem kranken Freunde;
Und dennoch zweifle ich, ob er gesundet. —
(ruft Calderon durch die Mittelthür.)
Komm, Freund, sei kurz; ich komme gleich zurück. (ab.)

Marianne.
(kommt aus der linken Seitenthür.)

Wenn auch so spät, Sennor, es freut mich doch,
Noch einmal Euch zu grüßen. — Ist's denn wahr,
Daß Ihr uns morgen wieder müßt verlassen?

Calderon (seufzend.)
So ist es, Königin!
Marianne.
Geht Ihr nicht gerne?
So bleibt; an Euch nur liegt es, hier zu bleiben.
Calderon.
Gern' geh' ich, Herrin, und gern' möcht ich bleiben.
Marianne.
So bleibt nur hier bei uns in sanfter Ruhe,
Die Euch, wie ich vernahm, so lang gebricht.
Den König und auch mich wird es erfreuen,
Den Calderon an uns'rem Hof zu sehen.
Calderon.
Die Pflicht gebeut mir in den Kampf zu gehen;
Da alle Ritter des San Jago-Ordens
Zum Streite ziehen, darf auch ich nicht fehlen.
Marianne.
Don Pedro Calderon hat höh're Pflichten,
Als mit der rohen Kraft den Streit zu schlichten;
Der Leidenschaften Kampf ist Eure Sphäre,
Der Welt zu zeigen, wie man sie besiegt,
Womit Ihr Wahn und Vorurtheil bekriegt;
Drum bleibet hier, wo Eurem geist'gen Heere
Statt Eichenkränze blühen die Lorbeere.
Calderon.
Die Dornenkrone statt der Rosenfessel,
Und statt des Palmenzweiges nur die Nessel.
Marianne.
Wie das, Sennor? Erklärt Euch deutlicher.
Schon einmal setzten gleiche Worte mich
In trübe Unruh' Eurer Ruhe wegen.
Erklärt Euch frei, Ihr sprecht zu einer Freundin,
Die Euch verehrt, die Euer Glück begehrt;
Ist auch der König stets Euch zugethan
Als warmer Freund, ist er doch nur ein Mann:
Doch in des Menschen Brust giebt's eine Gluth,
Giebt es ein tiefes, marterndes Geheimniß,
Das selten gern ein Mann dem Mann vertraut,
Das sanft im Mitgefühl des Weibes ruht,
Wo milder Trost ihm ein Asyl erbaut,

Drum mögt Ihr frei der Freundin Euch erklären;
(lächelnd.) Vielleicht kann Hoffnung Euch ihr Trost gewähren.
Calderon.
O Königin! — Ach, wenn ich hoffen dürfte! —
Ich darf nicht hoffen, ohne zu verzweifeln.
Marianne.
Ich sag', Ihr dürft; erklärt Euch nur.
Calderon (zu ihren Füßen sinkend.)
So hört —
Velasquez. (tritt schnell ein.)
Kommt, Calderon! denn Eure Zeit ist um.
Calderon.
O harter Freund! — Sogleich —
Velasquez.
Ich harre Eurer.
(läßt die Mittelthür offen, wodurch man ihn auf und abgehen sieht.)
Marianne.
Laßt Euch nicht stören; denn jetzt muß ich's wissen. —
Ihr wollt doch nicht, daß ich es Euch befehle
Zu zeigen mir das Spiegelbild der Seele?
Calderon.
Ach, in des Spiegels lichtkrystallnem Schild
Seht einen Engel Ihr, gleich Eurem Bild.
Marianne.
Ihr schmeichelt; doch ist's schön von Euch, daß Ihr
Nicht Euren Engel über mich erhebt.
(giebt ihm die Hand zum Kuß.)
Doch weiter, immer weiter; faßt nur Muth.
Calderon
(küßt die Hand mit Inbrunst, erblickt aber Velasquez.)
Ach, Königin! jetzt kann ich nicht, mein Herz
Vor Euch erschließen; doch gewährt noch Einmal
Mir, Euch zu sprechen —
Marianne.
Also bleibt Ihr Morgen?
Calderon.
Ich gehe; doch gewährt es mir noch heute.
Marianne.
Wie ist dies möglich? — Was verlangt Ihr? — Wo?

Calderon.
Ihr geht sonst jeden Abend in den Garten;
Dort, hohe Kön'gin, will ich Eurer warten.
Marianne.
Wie, Calderon? Nein! Wie, was fordert Ihr?
Ich bin Euch gut; doch geht ihr viel zu weit.
Calderon (dringend.)
Ihr geht ja jeden Abend in den Garten;
Laßt mich Euch in der Rosenlaub' erwarten.
Es gilt dem Heile meines kranken Herzens;
Es gilt dem Frieden meiner bangen Seele,
Ja, meinem Leben; ach! und dieses Leben
Könnt Ihr mir nur und Heil und Frieden geben.
(Estrella ist eingetreten und bleibt in der rechten Seitenthür erschrocken stehen.)
Marianne.
(sinnend.) Ihr fordert viel; doch wag' ich es für Euch.
Calderon (aufspringend.)
Ihr kommt?
Marianne.
Ich komme.
Calderon.
In die Rosenlaube?
Marianne.
Nein, zu der Rosenlaube, und das bald. (Estrella ab.)
Velasquez.
Kommt, Calderon, längst Eure Zeit ist um. (Beide ab.)

Sechste Scene.

Marianne (Allein.)
Wie ist mir nur? Ich fühl' ein dumpfes Bangen
So ahnungsvoll, als drohte mir ein Sturm!
Wie, oder ist mit seines Grames Wurm
Sein banger Trübsinn auf mich übergangen?
Stürzt doch auch von des Himmels glüh'nden Wangen
Mit Blitzen oft der Sturm zum hohen Thurm,
Wo auch zum Himmel fromme Lieder drangen,
Die an der Brust der Liebe groß gesäugt,
Verehrungsvoll an dem Altar erklangen! —
So hat ein Strahl auch ihm das Haupt gebeugt;

Zur Erd' ist drum sein hoher Blick geneigt.
Doch welcher Sturm kann beugen einen Geist,
Den „unvergleichlich" nennt sein Vaterland? —
Ist es der Neid, der tobt, wenn man ihn preist?
Ist es des Liebessturmes Sinnendrang?
Nein! diese ird'sche Glut kann niemals sprühen
Im Herzen, wo der Himmelsfunke glühte,
Geschürt, um And'rer Herzen zu durchglühen,
Daß Liebe reiner auf zum Himmel blühe! —
Nein! Calderon kann niemals And're lieben! —
Ich will sie kennen, die ihn so betrüben. —
Ist göttlich auch des reinen Dichters Loos,
Der Menschheit mit der höchsten Lust zu nützen,
So ist es himmlisch, wenn auch nicht so groß,
Des Dichters Geist vor jedem Fall zu schützen,
Und schafft ein König Frieden nur mit Waffen,
Die Königin hat Macht mehr Heil zu schaffen,
Und Milde richtet auf, was Strenge beugt. —
Wohlan! Ich will sein Haupt gen Himmel richten,
Den Sturm erspäh'n, der seinen Gram erzeugt,
Die Wolke seh'n, woraus gezuckt der Strahl;
Bald soll der Strahl der Hoffnung ihn umlichten,
Und schwinden wird der Nebel düst'rer Qual. (Ab links.)

Der Vorhang fällt.

Fünfter Akt.

Estrella, gestützt auf Perez, wankt herein rechts.

Perez.
Bei meiner Ehre; Estrella, Du bist schwer. (sinkt in einen Sessel.)
Uff, uff! Du hast mir wahrlich warm gemacht.
Nun sag' mir deutlich, was Dich so erschreckte?

Estrella (tief seufzend.)
Er!

Perez.
Wer denn?

Estrella.
Calderon und auch die Kön'gin.

Perez.
So, Cald'ron und die Königin? — Ha, ha!

Estrella.
Ja, Cald'ron und die falsche Königin.

Perez (aufmerksam.)
„Die falsche Königin"?! Wie so? und wo?

Estrella.
Er war bei ihr (noch immer fast außer Athem.)

Perez.
Deßhalb erschrickst Du so!

Estrella.
Und Beide kommen in den Garten bald.

Perez.
Ha, ha! Du faselst wieder, süße Schwester!

Estrella.
Bei meinem Seelenheil! ich spreche wahr!

Perez (nachdenkend.)
Die Königin mit Calderon im Garten?!

Estrella.
Und bei der Rosenlaube soll er warten —

Perez (aufspringend.)
Ha, Schach der Königin!!!
Estrella.
Was sagst Du da?
Verrathe nichts, was ich in Angst verrathen!
Perez.
Nichts; geh nur auf dein Zimmer — geh' zur Ruhe;
(nachdem er sie geleitet.)
Denn Du bedarfst der Ruhe, armes Täubchen.
(Estrella rechts ab.)
(Nachdem er in ein Gelächter ausbrach, kommt Olivarez aus der rechten Seitenthür.)
Olivarez.
Was lacht der Narr und stört das Denken mir?
Perez.
Das Denken laßt; es giebt ein Lustspiel hier —
Olivarez.
In deinem Kopf, wo Bachus Dir soufflirt —.
Perez.
Im Garten, wo sich Calderon verliert.
Olivarez.
Was treibt Dir Cald'ron wieder durch den Sinn?
Perez.
Ein Stelldichein mit unf'rer Königin. —
Olivarez.
Bist Du bei Sinnen?
Perez,
Und bei guter Laune.
Olivarez.
Der Wein nur spricht aus Dir.
Perez.
Im Wein ist Wahrheit.
Olivarez.
Was sollen mir die Possen.
Perez.
Keine Possen:
Geht nur zum König gleich und warnet ihn.
Olivarez.
Da wär' ich noch ein größ'rer Thor als Du,
Der Narr genung, den Vater selbst zu narren.

Perez.
Papa! Ob Ihr mein Vater seid, ob nicht,
Das wissen so gewiß wir beide nicht;
Ich will und kann es nimmer untersuchen:
Genug, Ihr habt mich adoptirt; dafür
Bin ich Euch dankbar; denn sonst müßt' ich betteln.
Nun, wie mir werth, daß Ihr mich adoptirt,
Erlaub' ich Euch, daß Ihr mich redoptirt;
Denn Aerg'res wahrlich könnt Ihr mir nicht thun:
Nun, redoptirt mich, wenn ich Euch belogen;
Ich hab' genau, was ich gesagt, erwogen.
Olivarez.
Ha, wenn es wär'! — Und doch kann ich's nicht glauben.
Perez.
Glaubt Ihr Estrellen?
Olivarez.
Wahrlich mehr, als Dir.
Perez.
Sie hat's bei ihrem Seelenheil beschworen.
Olivarez.
Bei ihrem Seelenheil? Wenn es so wäre!
Doch sie ist krank; sie sprach's im Fieberwahn;
Ihr Seelenheil ist ihre kranke Seele,
Von Eifersucht bei uns'res Südens Gluth,
In ihres bangen Träumens düst'rem Neste,
Zu rachedurst'gem Drachen ausgebrütet,
Der gegen sie und gegen Alles wüthet: —
Wenn unser Geist in Nebel sich verirrt,
Wird er von Nebelgeistern leicht verwirrt.
Perez.
Ihr Herz ist krank; ihr Geist doch so gesunde,
Wie's je ihm möglich bei der Herzenswunde.
Olivarez.
Wenn's möglich wär'?!
Perez.
Es ist, es ist, Papachen!
Kommt nur zu ihr, und überzeugt Euch selbst. (Beide ab.)

Garten, wie in der ersten Handlung, mit zwei Rosenlauben.

Zweite Scene.

Estrella (tritt scheu und eilig auf.)

Estrella.

Hier bin ich nun! Hier ist das Nest der Schlangen,
Hier will ich sie erwarten, vorzudringen,
Wenn sie in bunten Ringeln sich umfangen,
Und ihnen, gleich dem Blitz, Verderben bringen. —
Der letzte Funke heißer Liebesqual
Ward mir durch der Verzweiflung kühne Schwingen
In Stürmen angefacht zum Wetterstrahl,
Der seine Spitze birgt in diesem Stahl,
Um heimlich Ihre Herzen zu durchdringen,
Wenn heimlich ihre Arme sich umschlingen. —
Auch ich will bergen mich in diese Laube,
Mit meines Herzens rachedurst'gen Wunden,
In diese Laube, wo ich, wie die Taube,
Rein durch ein geist'ges Band mit ihm verbunden,
Wie um den Stamm die Rebe schlingt die Traube —
Und fromm und süß verlebt die schönsten Stunden,
Bis, ach! sein Herz dem Raben fiel zum Raube.

(sinkt bei der Rosenbank auf's Knie.)

Hier ist die Rasenbank, die grüne Wiege,
Wo Lieb' entschlief, ein Kind in süßen Zähren,
Geschaukelt nur von seinen reinen Lehren. (küßt sie.)
Dies ist die Rasenbank, die Rasenstiege,
Wo ich, mit Rosen kämpfend, nah' am Siege
Vom Dorn verletzt, an seine Brust gesunken,
Wo's Herz im Fall erwachte wonnetrunken. —
Ha, falsche, schlimmste aller falschen Frauen!
Drum schlichst Du räuberisch Dich in mein Herz,
Zum Heiligthum des Busens, zum Vertrauen,
Sein heil'ges Bild auf dem Altar zu schauen,
Es mir zu nehmen, lassend mir den Schmerz?
Drum sollst du büßen mir! Was Königin?
Sie ist ein Weib und eine falsche Schlange:
Es kämpft ein Weib mit einem Weib im Drange
Der reinsten Liebe, die stets Siegerin. —

Schon kommt sie — ha! Noch haltet an Euch Flammen,
Und brecht hervor, wenn sie sich selbst verdammen.

Dritte Scene.

Marianne hernach Calderon.

Marianne.

Wie Cald'ron noch nicht hier? — Fast reut es mich,
Daß ich aus Mitleid diesen Schritt gemacht. —
Ich kehre um; mich ziehen meine Sinne
Zurück mit Bangen, wie die guten Geister
Von naher Schuld. — Dies Zeichen laß' ich ihm,
Daß ich mein Wort gelöst (läßt ihr Tuch fallen.)

Calderon (kommt eilig.)

Vergebt mir, Herrin!
Velasquez wollte lang nicht von mir weichen,
Sonst wär' ich, gleich geflügelten Gedanken
Der glüh'ndsten Liebe, längst hieher geflogen.

Marianne.

Der glüh'ndsten Liebe?

Calderon.

Ja, der glüh'ndsten Liebe —

Marianne.

Zu wem?

Calderon.

Zu Euch.

Marianne.

Zu mir wärt Ihr geflogen,
(gespannt.) Doch sagt: zu wem fühlt Ihr die glüh'ndste Liebe?

Calderon.

Zu Euch! —

Marianne.

Ha!

Calderon.

Nur zur Euch! Es ist heraus
Dies goldne Wort mit dem Gewicht der Erde,
Das glühend schwer mir auf dem Herzen lag,
Doch das nun hell erscholl wie Gottes „Werde",
Strahlt Eu're Sonne mir den holden Tag.

Marianne.
Sagt nochmal: Calderon! Ihr liebet mich?
Calderon.
Ja, nur für Euch erglühen meine Triebe!
Es ist heraus vom Chaos meiner Brust
Dies weltenschwere Wort der glüh'ndsten Liebe,
Das mich erfüllt mit heißer Pein und Lust,
Das ich wie eine Welt herumgetragen,
Das mir gebeugt das Haupt dem Atlas gleich,
Das Muth und Kraft in Bande mir geschlagen,
Das mich so arm gemacht und doch so reich.
Marianne.
Nein, nein! Ich kann's nicht glauben! Treibt Ihr Scherz?
Calderon.
Ach nein! O fühlt nur wie mein glühend Herz
Wild schlägt an's Kerkergitter meiner Rippen
Und, nicht vermögend zu befrei'n den Schmerz,
Heraus nun stürzt durch's off'ne Thor der Lippen.
Marianne.
Betrachtet mich genau; verirrt Euch nicht
Am dunklen Schein, am falschen Sternenlicht;
Besinnt Euch; ich bin Eure Königin!
Calderon.
Ich kenn' Euch, Königin, wär's auch so finster,
Daß diese Nacht dagegen Taglicht schiene,
Die Sonne Eures Blicks doch überstrahlte
Das tiefste Dunkel mit dem höchsten Glanz,
Und ich ersähe Euch im Strahlenkranz;
Ja, wär' ich auch an Eurem Strahl erblindet,
Euch kennt' ich an der Stimme Melodie,
Vor der verstummt der Sphären Harmonie,
Da Euer Mund der Töne Sieg verkündet:
Wer kann Euch sehen, ach, wer kann Euch hören
Und irgend And'res lieben und verehren!
Marianne.
Genug, genug! kein Wort mehr, Calderon!
Denn solcher kühnen Worte Lobgesang
Klingt mir im Ohr nur wie versüßter Hohn,
Der doppelt mich durchbebt so schmerzlich bang.

Daß ich vor Gram um Euren Fall möcht sterben,
Daß ich vor Scham erzürnt Euch möcht' verderben.
Ist's möglich, daß ein so erhab'ner Geist
Zur Niedrigkeit der Schuld sich selber beugt,
Daß ein demüthig frommes Herz so dreist
Der Unschuld heiligen Altar ersteigt,
Mit Blumen aus der Eitelkeit Gefield'
Zu kränzen hoch der Eigenliebe Bild!
Was hab' ich, Calderon, Euch denn gethan,
Daß Ihr so tief mich zu beschämen wagt?
Mit welcher Gunst erzeugt' ich Euren Wahn,
Der frevelnd mich nun bei mir selbst verklagt?
Der geist'gen Regung nur konnt' ich nicht wehren,
Den hohen Geist in Euch hoch zu verehren,
Nie zeigt' ich Euch, nie fühlt' ich and're Triebe;
Wie durft' Ihr Eure dann mir kühn entdecken?
Nur mein Gemahl besitzt mein Herz voll Liebe;
Wie durftet Ihr dies Herz und ihn beflecken?
Wer, ungeliebt, mit Worten will bestechen,
Der liebt nicht rein; sein Lieben heißt: Erfrechen.

Calderon (bestürzt.)
O Himmel, was hab' ich gethan?

Marianne.
                    Entflieht,
Eh' Euch zur Straf' gekränkte Ehre zieht.

Calderon.
O Himmel, mir das? — Mir noch diese Schmach? —
Die glüh'nde Bürde schwerer Lavafluthen,
Die aus des Busens Krater mir entfluthen
Und mir die Sinne, mir die Kräfte schmelzen,
Wollt' ich, erleichternd nur, vom Busen wälzen,
Zu ihren Füßen meinen Schmerz verbluten,
Für meine Liebe betteln um Erbarmen,
Zu lindern nur das wunde Herz des Armen;
Umsonst, nur Schmach ward mir selbst im Verzagen!
Wie tief Du, Himmel, auch gebeugt mich hast,
Wie schwer mich Deines Zornes Strahl geschlagen,
Geduldig trug ich Deines Grolles Last;
Doch ihre Schmähung kann ich nicht ertragen.
(Will sich erstechen, sie fällt ihm in den Arm, und entwindet ihm den Dolch.)

Marianne.
Wie, Calderon! soll Eure klein're Schuld
Durch dieses größere Verbrechen sterben?
Kommt zu Euch, und Ihr werdet meine Huld
Durch Eures Geistes Klarheit Euch erwerben:
Wollt reinen Sinn's nach reinem Dank Ihr streben,
Will ich, verehrend Euch, auch gern vergeben.
Calderon.
Erhab'ne Königin!
Marianne.
Vergebt auch mir;
Da ich, wenn auch beleidigt, Euch gekränkt;
Ja, gleicher Theil der Schuld gehört auch mir:
Denn wo ein Weib aus strengem Kreise tritt,
Dort straft ein schwerer Fall den leichten Schritt.
Calderon.
O, engelgleiches Weib!
Marianne.
Auch ich hab' jetzt,
Da ich Euch Nachts geheimes Ohr gewährt,
Des Hofes Sitte und des Weib's verletzt,
Doch nur, weil ich den heißen Wunsch genährt,
Zu Eurem Wohl und um Estrellen's Willen,
Des Königs lang gehegten Wunsch zu stillen.
Calderon.
Zu meinem Wohl? O Königin, lebt wohl! —
Marianne.
Wo wollt Ihr hin nun?
Calderon.
Wo mein Wohl zu finden.
Marianne.
So dürft Ihr nicht fort. Was wollt Ihr beginnen?
Calderon.
Mein Herzenswohl und Seelenheil zu gründen,
Dem Geist den Frieden geben, Ruh' den Sinnen;
Denn über einen Abgrund will ich springen,
Der mich von Euch trennt und vom ird'schen Weh'
An dessen Rand ich steh', wohin ich seh',
Und der mir droht, sonst bald mich zu verschlingen.

Marianne.
Mein Gott, Ihr wollt doch nicht.
Calderon.
Mich tödten? Nein!
Ich werde leben mit der todten Pein
Im heil'gen Raum, die Zuflucht der Beschwerden
Von dort wird meine Liebe ewig lebend,
Mit reinen Geistes Schwingen Euch umschwebend,
Euch nimmer kränken mit dem Wahn der Erden,
Denn dort will ich selbst rein und selig werden,
Vergessen lernend, daß Ihr mir gegrollt.
Lebt wohl, erhab'ne Königin! Ihr sollt,
Sobald mein Frevel schwand am heil'gen Schein,
Mit dem, der Euch verehrt, zufrieden sein. (will fort.)

Marianne.
Noch einmal, Calderon! ich bitt' Euch, weilt:
Ihr werdet hier des Herzens Stärkung finden,
Wir geben Euch die Hand, die bald Euch heilt,
Da wir Euch mit Estrella's Hand verbinden.

Calderon.
Wie, mit Estrella's Hand?! — Mich bind' ich nie!

Marianne.
Sie liebt Euch noch; einst liebtet Ihr auch sie.

Calderon.
Einst?! — Niemals noch hab' ich zuvor geliebt.
Estrella ehrt' ich ihres Geistes willen;
Ich war ihr gut; sie konnte mich erfüllen
Mit ihrem heitern Sinn, wenn ich betrübt —

Marianne.
So liebt Ihr sie doch wol, wenn auch im Stillen.

Calderon.
Bei meinem Heil! nicht lieben kann ich sie.
(Ein schmerzlicher Schrei bringt aus der Laube.)

Marianne.
Ha, was ist das? Wir sind belauscht, verrathen!
Nun fort jetzt, Calderon, nun fort von hier!

Calderon.
Jetzt bleib' ich Königin: die Ehre will's.

Marianne.

Und ich will, Calderon! daß Ihr nun flieht,
Noch eh' des nahen Morgens blut'ges Roth
Euch durch Entdeckung mit Verderben droht. —
Fort, Calderon! Ihr kennt des Spaniers Sitte;
Ihr wißt, daß Ihr von Feinden hier umgeben.
Fort, Calderon! erhört nun meine Bitte:
Erhaltet rein der Nachwelt Euer Leben,
Und ich will schweigen, bis Ihr sicher seid,
Erwirken, daß der König Euch verzeiht.
(drängt ihn fort.)
Nur flieht sogleich, wenn Euch mein Wunsch noch werth.
Gott steh' mir bei in Nöthen! (Ab.)

König
(tritt eilig aus der Laube rechts.)

Marianne! —
Geliebtes Weib! Umsonst, sie fliegt dahin,
Wie ein Sternfunke durch den finstern Himmel. —
Soll ich ihr nach? Nein! schämen müßt' ich mich,
Daß ich, vom bösen Leumund angeweht,
Gewankt im Glauben ihrer festen Treue,
Hieher mich drängen ließ vom Hauch des Argwohn's,
Sie zu belauschen; doch muß ich gestehen,
Daß ich bei ihres frommen Lichts Verklärung,
Deß Wiederschein sich malt auf meiner Wange,
Des treu'sten Weibes liebend Herz gesehen,
Obgleich erfüllt vom Triebe der Verehrung. —
Wie soll ich sie, wie kann ich sie belohnen?
Sie schmückt der Erden, wie des Himmels Kronen. —
Noch kann ich nicht zurück, die freie Brust
Im Kerker der Gemächer zu verschließen,
Hier will im grünen Bett der reinsten Lust
Ich Ruh' und Frieden brütend still genießen.
(geht zur Rasenbank.)
So nimm mich auf, Du Zeugin heft'ger Leiden!
Sei Zeugin jetzt auch meiner stillen Freuden.
(legt sich auf die Bank.)

Vierte Scene.

Perez (kommt betrunken.)

Perez.
Dort sind die Lauben, und hier will ich lauern,
Verborgen in des Busches grünen Mauern.
Haha! das wird ein Spaß, ein Blindekuhspiel.
So finster es auch ist, ich treff' ein Ziel,
Mein finst'res Ziel ist Cald'ron's schwarzes Herz,
Sein letztes Trauerspiel sein Todesschmerz.
Die spitz'gen Reden, und die Stachelwitze
Dazu gibt meines Degens munt're Spitze. (zieht den Degen.)
Holla! Sollt' er auch meinem Witz entgehen,
So steht hier Don Juan, und dort mein Vater.
Den beiden Kindern hab' ich eingekäut,
Daß Calderon auch mit Estrellen hier
Ein kleines Stelldichein zum Vorspiel macht.
Haha! Der Teufel selbst müßt' ihn wegfegen,
Sollt' er entgeh'n dem Dreizack unsrer Degen. —
Holla! Da kömmt er, oder ich bin blind. —
Wer da? Gieb Antwort!

Juan
(kommt von der rechten Seite.)
„Calderon — und Tod!"

Perez (ersticht ihn.)
Den Calderon hab' ich, den Tod hast Du. —
(sinkt ächzend hinter einen Busch.)
Ha, Ha! Da röchelt die Unsterblichkeit
Die Poesie des siebzehnten Jahrhunderts
In ungereimten Knittelversen aus.

Olivarez (hinter der Scene.)
Kommt schnell, ihr Schleicher! Sucht mir den Verführer.
(kommt links.) Ihr Schurken eilt! Wer ist da?

Perez.
(indem er auf Juan lachend deutet, schreit er:)
Calderon —

Olivarez.
Du höhnst mich noch? So fahre hin, Verführer!
(ersticht ihn.)

Perez.
Verdammter Narr — den Vater ich genannt! —
Ersticht der blöde Luchs, der alte Fuchs —
Mit seinem Bratenspieß — den eig'nen Sohn. —
Sein Sohn? — der Teufel ist Dein Sohn und liebt
Dich) dieser Sohn — soll Dich (will nach ihm hauen und fällt.)
der Teufel holen.

(Bewaffnete Diener kommen mit Fackeln.)

Olivarez.
Ha, Perez! O mein lieber Sohn! — Mein Perez!
Ha, sucht in allen Büschen den Verführer!

(Der König erhebt sich, als einige Diener in die Laube treten.)

Ha, dort bewegt es sich; ja, das ist er.

(dringt auf den König ein, der den Mantel abwirft.)

König.
Wen sucht Ihr, Olivarez?

Olivarez (läßt das Schwert sinken.)
Ha, mein König!

König.
Ihr alter Thor! Ihr kalter, blöder Narr!
Was hat denn Eure Sinne so erhitzt,
Daß Ihr nach Blut nur dürstet?

(Man trägt Estrella's Leiche aus der Laube, und setzt sie auf die Rasenbank.)

Olivarez
(mit höchstem Ausdruck des Schmerzes.)
Meine Tochter!

König (erblickt entsetzt die Leiche.)
Estrella war's?!

Olivarez (die Hände ringend.)
Jetzt sterb' ich kinderlos!

König.
Zu leicht ist Dein Geschick, daß kinderlos,
Und viel zu schwach die Strafe, daß Du sterbest.
Doch keine Hand vermag Dich hier zu strafen
Wie Du verdienst, selbst nicht die Hand des Königs;
Und drum verbann' ich Dich von meinem Hofe
Zur finstern Hölle Deiner schwarzen Seele,
Wo Dich die glüh'nden Zangen des Gewissens

Mit der Erinnerung der Sünden foltern.
Hinweg! Wir haben nun nichts mehr gemein.
(indem Olivarez fortwankt, tritt er zur Leiche.)
Holt eine Bahre für die Todte; eilt! (Alle Diener ab.)
(indem er Estrella's Hand ergreift.)
Du kaltes Opfer glüh'nder Leidenschaft!
So klar an Geist, so rein an Herz und Blut,
Hat doch Dein Geist, getrübt von blinder Wuth,
Das eig'ne Herz voll Liebe Dir gestraft!

Fünfte Scene.

Marianne (von einer andern Seite als sie abgegangen.) König.

Marianne.
Der Garten rings umstellt mit Wachen? — Himmel,
O öffne schützend deine Arme mir!
König.
Komm, meine Arme sind geöffnet Dir,
Zu schützen Dich, geliebtes, treues Weib! (umarmt sie.)
Marianne
Mein königlicher Herr! vergebt der Schwachheit,
Mich stärkend mit der Sonne Eurer Gnade.
König.
O könntest Du mit Mächten Deiner Schwachheit
Das zarte Herz der Frauenwelt betheilen! —
Wie schwach ein Weib, man muß es doch verehren,
Kann's nur sich gegen sünd'ge Liebe wehren.
Marianne.
Mein gnädiger Gemahl —
König. (zärtlich einfallend.)
Der selbst gefehlt,
Da wankend er, zur Prüfung fester Treue,
Die schwarze Kunst der Horcherprob' erwählt,
Und so verdunkelt des Vertrauens Weihe.
Nie zweifle, der ein treues Weib gefunden,
Soll Argwohn ihn nicht immerfort verwunden!

Marianne.
Mein Herz und meine Seele!
König.
Meine Wonne!
Doch sag', vergiebst Du mir, vergeb' ich Dir.
Marianne.
Wenn wir vergeben, wird uns einst vergeben,
Laßt uns vergeben drum auch Calderon.
König.
Er büße!
Marianne.
Seine Reue ist die Buße.
Seid mild als König, wie Ihr mild als Gatte.
König.
Der König schweigt; würd' er sein Urtheil sprechen,
Sein Donner würde Calderon zerschmettern;
Doch nur der Freund spricht hier, den er beleidigt.
Marianne.
Die Liebe, mein Gemahl, entschuldigt Alles. —
König.
Doch Alles nicht entschuldigt solche Liebe.
Marianne.
Sein frommes Herz, das Liebe nie gekannt,
Wie mächtig zuckt der ersten Liebe Licht,
Dem Blitzstrahl gleich, der spät aus Wolken bricht:
Und wie die Nacht nach Blitzen dunkler scheint,
Ist's finst'rer jetzt in seines Herzens Tiefen.
Drum deckt mit Balsam der Vergessenheit
Des Kranken Schmerz, bis ihn geheilt die Zeit.
Er ist nur Mensch, wenn auch ein großer Dichter:
Der Mensch kann fehlen, doch des Dichters Haupt
Ist heilig, wenn vom Lorber es umlaubt;
Und an der Nachwelt habt Ihr strenge Richter;
Denn wenn ein Dichter fromm das Volk belehrt,
Ist er stets werth, daß man ihn hoch verehrt.
König.
Du redest wahr: Geheimniß bleib' es jetzt.
Ich schone seine Ehre, wie sein Leben;
Und seine Liebe, die mich tief verletzt,
Will ich um Deine Liebe ihm vergeben.

Calderon (kämpfend hinter der Scene.)
Laßt frei mich zieh'n.
Velasquez.
(tritt mit Calderon auf, dann Wachen.)
Ihr müßt bei Eurem Leben
Im Namen meines König's Euch ergeben.
König.
Velasquez, Laßt ihn frei. — Ich danke Euch.
Ihr habt Euch gegen mich als treuer Freund,
Auch gegen Calderon als Freund bewährt. —
Doch jetzt verlaßt uns: Morgen mehr davon. (Velasquez ab.)

Sechste Scene.
König. Marianne. Calderon.
König.
Kommt näher; neiget Eures Degens Spitze
Zur Erde, denn hier habt Ihr keinen Feind,
Als nur den innern Feind noch zu bekämpfen.
Calderon.
Mein König! dieser Feind, so lang bekriegt,
Ist, wie ich hoffe, nun auch bald besiegt:
So wie des Degens Kreutz gen Himmel steigt,
Wenn seine Spitze sich zur Erde neigt,
Hat auch mein Herz, der Erden Schmerz vollendend,
Im reinen Glauben sich zum Himmel wendend,
Mein Haupt erhoben, das so tief gebeugt. —
Da Milde strahlt von Euren hohen Mienen,
Will ich des Himmels Beifall auch verdienen,
So Ihr, mein König, noch mit einer Gnade
Das Maß der Gnaden füllt zum höchsten Grade.
König.
Nun, sprecht; mein Herz ist jetzt zu weich gestimmt,
Um hart ein zartes Fleh'n Euch zu verweigern.
Calderon.
Ich fürchte dennoch) — da ich, überhäuft
Von Eurer Güte, nichts zu wünschen hätte
Als eine Bitte, die ich einst gewagt,

14*

Und die aus Freundschaft blos Ihr mir versagt —
Ich fürchte, daß Ihr niemals sie erhört.
König.
Was kann das sein, was Ich Euch je verweigert?
Sprecht frei.
Calderon.
Erst gebt das Wort mir der Erfüllung.
König.
Das kann ich nicht —
Marianne.
Was kann ein König nicht,
Wenn's ihm an Mitleid nicht und Trost gebricht?
Und was kann ein gramvolles Herz begehren,
Das hart ihm müßte Mitgefühl verwehren?
Erhellt mit Eurem „Werde" seine Welt,
Wie jetzt der Mond den dunklen Raum erhellt.
(vor diesen letzten Worten war der Mond aufgegangen.)
König.
Es sei, doch mit Bedingung nur: Begehrt!
Calderon.
Durch die Bedingung, die auch ich im Voraus
Erfüll', errath' ich, daß Ihr mich errathen.
So laßt, mein Herr, mich ziehen in ein Kloster. —
Marianne.
Wie?
König.
Calderon!
Calderon.
Ihr wißt, mein hoher König,
Seit ich des Krieges Waffen abgelegt,
Die in der Jugend ich für Euch ergriffen,
Daß es die stete Neigung meiner Seele,
Mein sturmgebeugtes, nebelvolles Leben
Zum heil'gen Licht der Andacht zu erheben. —
Der Erden Stürme hab' ich abgeschüttelt;
Der Nebel doch im düst'ren Weltgetriebe
Wird nur erhellt vom warmen Strahl der Liebe;
Denn nur die Liebe knüpft mit zartem Band
Den Menschen an der Erden hartes Land.
Nie hat das Band der Liebe mich umschlungen,
Nie hat ihr Strahl beglückend mich durchdrungen.

Der Keim der Liebe, liegend in des Busens
Gefurchtem Grund, von keinem Strahl erweckt,
Schlief wie ein Kind im Schooß der kranken Mutter;
Da sah' ich Euch, erhab'ne Königin,
Und Eurer klaren Stirne hoher Sinn,
Und Eures holden Geistes milde Sonne,
Sich spiegelnd mit krystallener Verklärung
In meines Geistes himmelreicher Wonne,
Durchstrahlte mich mit liebender Verehrung.
Doch die Verehrung nahm zum Mutterbusen
Die Liebe, die als Kind in mir geschlummert,
Gleich der Madonna, die vom heil'gen Geist
Der höchsten Lieb' ein Himmelskind empfing,
Verehrung ihrem eig'nen Kind erweis't,
Wenn sie es auch mit zarter Lieb' umfing:
So auch ist Euch, erhab'ne Königin,
Verwandt mein frommes Herz mit reinem Sinn.

König.
So könnt Ihr bleiben doch —

Marianne.
Verlaßt uns nicht.

Calderon.
Nun kann ich's nicht, mein güt'ger Herr und König!
Ich darf es nimmer, güt'ge Königin!
Zum Himmel hab' ich reuig mich gewendet,
In seinem Reich die Ruhe mir zu gründen.
Wenn hier mein Lauf in Leiden ist vollendet,
Werd ich auch dort den Frieden wieder finden:
Denn wer auf Erden fromm in Leiden wohnt,
Der wird mit Lieb' im Himmel einst belohnt.

Marianne (für sich.)
Estrella! reines Mädchen, armes Täubchen!

König.
So zieht mit Frieden in das Haus der Ruhe;
Doch nie vergeßt, daß Euer Genius
Auch angehört der Erde, wie dem Himmel;
Und die Bedingung ist, daß Ihr zuweilen
Mit geist'gen Werken unsern Schmerz mögt heilen.

Calderon.
Mein gnäd'ger König, dies werd' ich erfüllen,
Für's Heil der Kirche und für's Wohl der Erde,
Auch um den eig'nen heißen Drang zu stillen;
Daß so das Band nicht ganz zerrissen werde.
Wenn auch der Mensch vom Menschen gern entflieht,
Es bleibt ein Band, das ihn zum Menschen zieht.

König.
So zieht, und haltet fest dies geist'ge Band.
Das Band, womit ich Euch an uns'ren Thron
Wollt binden — liegt zerrissen dort.

Calderon (erblickt die Leiche.)
Mein Gott!

Marianne
(indem sie zur Rasenbank stürzt und niedersinkt.)
Estrella! Täubchen! wer hat Dich erschlagen!
O Himmel! wer — wer hat mir das gethan?!

König.
Die Arme, dort versteckt in tiefen Plagen,
Behorchend Euch, hat selber sich erschlagen.

Calderon (tief ergriffen.)
Ja, das hab' ich gethan! der Himmel gab
Mir einen Stern, den lichtesten der Sterne,
Der mich umfunkelt hätte „nah' und ferne,"
Ich aber trug den Blick der Sonne zu;
Drum mußte bei der Sonne hellem Blinken
Hinschwinden meine nächtlich stille Ruh',
Drum mußte auch mein Stern in Gram versinken. —
(stürzt an die andere Seite der Rasenbank nieder.)
O Gott, warum noch diesen herben Stoß?
Estrella! — O! o könntest Du erwachen!

König
(tritt zu ihnen nach einer Pause, während welcher Diener mit der Bahre und mit Fackeln kommen.)
Entflammte Eifersucht stieg zur Verklärung
Der Liebe, die entstammte aus Verehrung!

Der Vorhang fällt.

(Ende.)

Letzter Wille.

Es ist das sonderbarste, ja vielleicht das einzig dastehende Beispiel, daß ein armer, in Lebenssorgen ergrauter Vater, zwar noch in voller Jugendkraft und erst recht aufgelegt zu leben, seinen letzten Willen niederschreibt und noch dazu öffentlich bekannt macht, bei Gelegenheit, wo er seinen erstgeborenen Sohn wohlausgestattet und mit reichem Segen in die Welt hinausschickt, sein Glück zu machen, während er noch neun mündige und unmündige, gedruckte und ungedruckte Sprossen seiner Kraft und Träger seines Ruhms — im Koffer hat.

Welchen Eindruck daher dieser vierundzwanzigjährige, hoffnungsvolle junge Mann, der dem vorangefügten gut getroffenen Bilde seines Erzeugers — der damals ebenfalls vierundzwanzig Jahre alt war, und wenn auch noch nicht „der Unvergleichliche", wol aber „der Schöne" genannt wurde — sehr ähnlich wenn nicht noch schöner ist, auf die übrige heutige Welt machen wird, kann mir ganz gleichgiltig sein: genug, daß ich vor dem Scheiden von der deutschen dramatischen Welt im Voraus überzeugt wurde, wie gewiß mein Sohn von alten Freunden und Verehrern, die mich theils zu diesem letzten Schritt wohlwollend angeregt, theils mir mit reger Theilnahme unter die Arme gegriffen, gut aufgenommen wird, so daß, wenn sich diese Ueberzeugung bewährt, ich geneigt sein werde, ihrem weiteren Wunsche nachzukommen, nämlich: alle meine Kinder in ihren Schutz zu geben, alle meine gedruckten und ungedruckten poetischen Werke ihnen als Vermächtniß herauszugeben; und weßhalb ich alle meine im übrigen Deutschland verbreiteten Freunde und Verehrer mit den zitternden Lippen eines Scheidenden einlade, sich an diesem Vermächtnisse zu betheiligen.

Ich bin entschlossen, die übrigen Jahre meines beispiellos bewegten, aber wunderbar noch kräftigen Lebens, wie ich es zehn Jahre in Paris gethan, trotz der Einladung, Aufmunterung und Anspornung Napoleon Bonaparte's, Jules Janin's, Rothschild's und vieler anderer einflußreichen Freunde — blos als Gentleman vergnügt und ruhig zu verleben, was bei meinem, in allen andern Dingen außerhalb der deutschen Literatur stets glücklichen Universalgenie nicht schwer sein wird. — Den schönsten Theil meines Lebens, wie das Bild Zeugniß ist, habe ich dem armen, gegen wahre Poeten stets knikerischen, gegen mich aber insbesondere stets unversöhnlich feindlichen Deutschland durch reiche, von schnell verpuffenden, glänzenden Erfolgen begleitete Leistungen hingeopfert, und dafür keine andere Anerkennung erhalten, außer einigen brillanten Artikeln, als eine unermeßliche, allgemein verbreitete Verhöhnung, die als einziger Maßstab der

Größe meines Talentes, gleichsam als eine umgekehrte Anerkennung erscheint. — Ich habe zwar die Preßknechte in Berlin, die Preßbuben in Wien und die Preßbanditen in Pest glänzend besiegt; aber ich will nicht mehr kämpfen: es giebt keinen Preis!

Nicht Einen Verleger, nicht Einen Direktor, nicht Einen Mäcen, nicht Einen Kämpen konnte ich je wahrhaft gewinnen: meinen allgemein, und zwar in drei Literaturen bekannten Namen findet man in keiner Geschichte der deutschen Literatur, in keiner Sammlung von deutschen Poeten, in keinem Konversationslexikon und in keiner illustrirten Zeitung. — Ich habe ja Welten geschaffen, und die haben dort keinen Raum! Man wird in Kurzem es sehen.

Um meine Dankbarkeit gegen meine alten Freunde und Verehrer am würdigsten zu zeigen, lasse ich zuerst mein enfant terrible los, nämlich „la Comédie infernale", die ich sonst niemals deutsch herausgeben wollte. Dann folgen sieben dramatische Dichtungen, ein großes episches Gedicht und zwei lyrische Werke. Nächstens folgt die nähere Bestimmung meines letzten Willens.

Einer meiner wahren Freunde, der das Verdienst hat, die ganze Sache der Herausgabe unverdrossen oft angeregt und, ohne selbst reich zu sein, bedeutend unterstützt zu haben, drängte mich, eine Kritik über den Calderon nachfolgen zu lassen, wie es Corneille, Schiller u. A. thaten. Ich aber, der die freigemuthesten Selbstreklamen schrieb, hatte diesmal viele Gründe es nicht zu thun, vor Allem weil ich keine Lust habe. Ich zog mich aber, ohne undankbar zu scheinen, glücklich aus der Affaire, da ihn zwei aus dem Stegreif hingeworfene Verse zu befriedigen schienen, und da sie die gedrängte Kritik über alle meine Werke enthalten, so schließe ich — als kluger Geschäftsmann — mit diesen beiden Versen:

Ein jeder Vers ist blutbewegtes Leben,
Die Sinne zum Erhab'nen zu erheben.